O TARÔ E A JORNADA DO HERÓI

Hajo Banzhaf

O TARÔ E A JORNADA DO HERÓI

A Chave Mitológica para Compreender a
Estrutura Simbólica Oculta nos Arcanos Maiores

Tradução
Zilda Hutchinson Schild Silva

Editora
Pensamento
SÃO PAULO

Título do original: *Tarot und die Reise des Helden.*

Copyright © 1997 Kailash, uma divisão da Penguin Random House Verlagsgruppe GmbH, Munique, Alemanha.

Esta edição foi negociada através da Ute Korner Literary Agent – www.uklitag.com.

Copyright da edição brasileira © 2003, 2023 Editora Pensamento-Cultrix Ltda.

2ª edição 2023.

Todos os direitos reservados. Nenhuma parte deste livro pode ser reproduzida ou usada de qualquer forma ou por qualquer meio, eletrônico ou mecânico, inclusive fotocópias, gravações ou sistema de armazenamento em banco de dados, sem permissão por escrito, exceto nos casos de trechos curtos citados em resenhas críticas ou artigos de revista.

A Editora Pensamento não se responsabiliza por eventuais mudanças ocorridas nos endereços convencionais ou eletrônicos citados neste livro.

Obs.: Esta edição foi publicada anteriormente com o título *O Tarô e a Viagem do Herói*.

Editor: Adilson Silva Ramachandra
Gerente editorial: Roseli de S. Ferraz
Preparação de originais e revisão técnica: Verbenna Yin
Gerente de produção editorial: Indiara Faria Kayo
Editoração eletrônica: Join Bureau
Revisão: Ana Lúcia Gonçalves

Dados Internacionais de Catalogação na Publicação (CIP)
(Câmara Brasileira do Livro, SP, Brasil)

Banzhaf, Hajo
 O tarô e a jornada do herói: a chave mitológica para compreender a estrutura simbólica oculta nos arcanos maiores / Hajo Banzhaf; tradução Zilda Hutchinson Schild Silva. – 2. ed. – São Paulo, SP: Editora Pensamento, 2023.

 Título original: Tarot and the journey of the hero.
 ISBN 978-85-315-2256-7

 1. Heróis – Miscelânea 2. Tarô I. Silva, Zilda Hutchinson Schild. II. Título.

22-135376 CDD-133.32424

Índices para catálogo sistemático:
1. Tarô: Artes divinatórias: Ciências ocultas 133.32424
Eliete Marques da Silva – Bibliotecária – CRB-8/9380

Direitos de tradução para o Brasil adquiridos com exclusividade pela
EDITORA PENSAMENTO-CULTRIX LTDA., que se reserva a
propriedade literária desta tradução.
Rua Dr. Mário Vicente, 368 – 04270-000 – São Paulo – SP – Fone: (11) 2066-9000
http://www.editorapensamento.com.br
E-mail: atendimento@editorapensamento.com.br
Foi feito o depósito legal.

Agradecimentos

Agradeço à psicóloga junguiana norte-americana Sallie Nichols pela sua inspiração. Há muitos anos, seu livro de grande profundidade, *Jung e o Tarô* (Editora Cultrix), chamou a minha atenção para o segundo plano mitológico das cartas do tarô. Ela deixou claro para mim que a jornada do herói assume uma forma vívida no tarô. Sou-lhe muito grato por isso. Desde então, nunca mais abandonei o caminho que o livro dela me abriu. Reconhecer os símbolos arquetípicos das 22 cartas dos Arcanos Maiores no caminho de vida de um ser humano – e entendê-los mais à fundo – tem estado entre as experiências mais compensadoras da minha vida.

Quero agradecer também a Helmut Remmler, fundador e presidente do Instituto C. G. Jung de Munique, que me orientou durante muitos anos e me ajudou a entender o significado de muitos símbolos como indicadores no meu caminho e na vida cotidiana. Ele teria escrito o prefácio deste livro, mas morreu antes de fazê-lo.

Também quero agradecer a Stuart Kaplan do U. S. Games Systems, Inc., pela permissão de reproduzir as cartas do Universal-Waite-Tarot e do Tarô de Marselha neste livro. Ele me ajudou bastante ao longo dos anos, assim como ajudou a todos os que analisam as figuras das cartas do tarô.

E um último agradecimento, porém não menos importante, à misteriosa dama vestida de negro que me deu uma consulta à meia-noite, há mais de vinte anos, quando vi as cartas de tarô pela primeira vez na minha vida. Ela era judeu-polonesa e não ficou muito tempo em Munique. Não sei o nome dela nem seu paradeiro atual. Analisando agora o nosso encontro, vejo que foi uma encruzilhada do destino que mudou totalmente a minha vida.

Sumário

PREFÁCIO 11

O QUE É O TARÔ? 13
    Origem, estrutura e simbolismo das cartas 15
    Como usar este livro 27

A JORNADA DO HERÓI – UMA PARÁBOLA PARA O CAMINHO DE VIDA DOS SERES HUMANOS 31
    Origem e significado da jornada do herói 33

OS ARCANOS MAIORES 43

O LOUCO 45
    O herói da história 45

O MAGO E A SACERDOTISA 51
    Os pais celestiais 51
    O Mago – O pai celestial 54
    A Sacerdotisa – A mãe celestial 55

A IMPERATRIZ E O IMPERADOR 59
    Os pais terrenos 59
    A Imperatriz – A mãe terrena 60
    O Imperador – O pai terreno 61
    Os pais celestiais e os pais terrenos 62

O HIEROFANTE 67
    A educação do herói 67

O Enamorado	**71**
A decisão	71
O Carro	**75**
A partida do herói	75
A Justiça	**91**
O amadurecimento	91
O Eremita	**99**
O nome verdadeiro	99
A Roda da Fortuna	**109**
A vocação	109
A Força	**121**
Hibris ou o animal prestativo	121
O Pendurado	**141**
A grande crise	141
A Morte	**153**
A descida ao submundo	153
A Temperança	**173**
O condutor de almas	173
O Diabo	**191**
No reino da sombra	191
A Torre	**211**
A libertação dramática	211
A Estrela	**225**
A fonte da juventude	225

A Lua **231**
    O perigoso regresso 231

O Sol **249**
    A volta para a luz ou a reconciliação 249

O Julgamento **259**
    A cura 259

O Mundo **265**
    O reencontro do paraíso 265

Índice das Ilustrações **271**

Bibliografia **275**

Prefácio

O tarô é um oráculo cujo destino consiste em ser equiparado com a leitura de cartas. E como, em certo tempo da história, as cartas fossem muito populares, junto com a leitura da borra de café e de outros divertimentos em feiras anuais, poucas pessoas se deram ao trabalho de examinar e, muito menos, de pesquisar o que estava por trás das cartas ou o simbolismo do tarô. Em quase todas as épocas, as cartas foram tão desaprovadas que as pessoas cultas eram ridicularizadas – como acontece ainda hoje – quando as levavam a sério.

É por isso que muito poucas pessoas conhecem o âmbito mais profundo no qual o tarô transmite uma verdade arquetípica; e a afirmação de que existe uma sabedoria de vida nas cartas, na melhor das hipóteses, desperta admiração e, muitas vezes, apenas um sorriso compassivo.

Ao contrário da astrologia, que tem uma tradição comprovada de cinco mil anos, em que – excetuando-se os últimos duzentos a trezentos anos – foi praticada predominantemente pela elite dos povos, com o tarô não aconteceu o mesmo. A suposição de que esse oráculo com cartas também seja uma antiga tradição secreta, cujas raízes remontam à Índia ou ao antigo Egito, e que só teve publicidade a partir do século XIV, é largamente divulgada, porém até hoje com pouca comprovação convincente. Arthur Edward Waite, um grande perito nesse assunto, que desenvolveu as mais populares cartas do tarô no início do século XX, constatou categoricamente: "Realmente não existe nenhuma história do tarô antes do século XIV".[1]

---

[1] Arthur Edward Waite. *Der Bilderschlüssel zum Tarot*, p. 15. [*A Chave Ilustrada do Tarot.*]

Assim, a velha tradição das estrelas oferece muito mais. Suas raízes remontam aos dias da antiga Babilônia. O mesmo vale para o oráculo do acaso dos chineses, o I Ching. Sabemos que o grande Confúcio consultava esse livro de sabedoria – que está entre os mais antigos livros da humanidade – e o completava com suas próprias interpretações. Desde que esses textos foram descobertos e traduzidos pelo sinólogo Richard Wilhelm, eles fascinaram pessoas de grande espírito como Carl Gustav Jung, Hermann Hesse, Marie-Louise von Franz e o lama Anagarika Govinda que – como muitas outras – souberam apreciar a inesgotável sabedoria desse oráculo.

Comparativamente, hoje, nós ficamos facilmente fascinados por algo que nos chegou com fama de elevada sabedoria do longínquo país exótico. Lidar seriamente com um tema que por várias razões foi relegado à sarjeta entre nós é uma situação difícil. Mas, com certeza, o tarô não foi o primeiro tesouro que ficou oculto na sujeira das ruas. Que este livro seja uma contribuição para resgatá-lo.

Agradeço à norte-americana Sallie Nichols, uma psicóloga junguiana da linha da Psicologia Profunda, cujo livro *Jung e o Tarô* há vários anos me fez prestar atenção ao segundo plano mitológico das cartas. Por intermédio do seu trabalho, entendi que a jornada do herói toma forma no tarô. Sou-lhe muito grato por isso. As viagens que ela me proporcionou com isso nunca foram esquecidas. Reconhecer e compreender cada vez mais à fundo os símbolos arquetípicos do caminho de vida dos homens nas 22 cartas do tarô faz parte de uma das experiências mais enriquecedoras da minha vida.

Munique, maio de 1997
Hajo Banzhaf

O QUE É O TARÔ?

Origem, estrutura e simbolismo das cartas

O tarô é um oráculo através de cartas que, em sua estrutura atual, conhecida desde o século XVI, é composto de um baralho de 78 cartas que são divididas em dois grupos principais: um de 22 cartas, que chamamos de Arcanos Maiores,[1] e o outro de 56 cartas, que chamamos de Arcanos Menores. Enquanto os Arcanos Maiores são compostos de 22 temas individuais, que não se repetem e que, com sua numeração, formam uma sequência clara, os Arcanos Menores – precursores do baralho de cartas comum – subdividem-se em quatro naipes: Bastões, Espadas, Taças e Moedas, de onde posteriormente surgiram as cartas de Paus, Espadas, Copas e Ouros. Cada série começa – como nas cartas do baralho comum – com um Ás e continua com os números 1, 2, 3... até 10, como a carta mais alta. A seguir, vêm as cartas denominadas segundo a corte: Rei, Rainha, Cavaleiro e Pajem (ou Valete), portanto, uma carta a mais do que no baralho que conhecemos.

Saber se esses dois grupos originalmente estavam unidos ou só se uniram no decurso do tempo é algo tão incerto como a própria origem das cartas. Algumas pistas nos levam a supor que as cartas dos Arcanos Menores vieram do mundo islâmico para a Europa no século XIV. Mas desconhecemos o que se via nessas cartas e o que se fazia com elas, se tinham valor de oráculo ou serviam unicamente para jogar. Sabemos menos ainda sobre a origem dos Arcanos Maiores, tão importantes para os adeptos do tarô. Eles surgiram por volta de 1600 e há muitas divergências sobre sua origem, bem como sobre muitos outros aspectos do tarô. Enquanto algumas pessoas, com base no fato de as cartas terem surgido pela primeira vez em 1600, deduzem

---

[1] Em latim, *arkanum* = mistério, *arkana* = mistérios.

muito pragmaticamente que os Arcanos Maiores também apareceram nessa época, outras partem do princípio de que os Arcanos Maiores vieram misteriosamente do antigo Egito para a Europa, do mesmo modo que o antigo Livro da Sabedoria, que estava nas mãos dos sacerdotes egípcios.

Entre as várias histórias repletas de imaginação despertadas por esse tema, existe também a suposição de que Moisés, o sumo sacerdote iniciado nos mistérios egípcios, trouxe as cartas para a Palestina com o êxodo do povo de Israel. Ali as cartas teriam se ligado à Cabala, a doutrina secreta dos judeus, que reconhece um valor simbólico profundo nas 22 letras do alfabeto judaico. A correspondência numérica das 22 letras desse alfabeto com as 22 cartas dos Arcanos Maiores é uma das evidências de maior peso na suposição dessa origem. Mas convém lembrar que muitas coisas que se compõem de 22 partes têm sido associadas ao tarô, entre elas o abrangente 22º capítulo do Evangelho de João.[2] Muitas vezes, esse parece ser o desejo do pai do conhecimento. Por sua vez, os meandros intelectuais necessários para abarcar todos esses inter-relacionamentos são interpretados como prova de que se trata de um conhecimento realmente secreto.

Em seu interessante livro sobre o tarô, Cynthia Giles comenta essas tentativas dizendo:

> "Cada um dos autores que advoga um conhecimento especial tem o enorme cuidado de se 'distanciar' daqueles cuja reivindicação da verdade não tem base na verdade *real* ou dos que só conhecem parte dessa verdade. Devido ao caráter secreto de seu presumido conhecimento, eles estão automaticamente liberados de apresentar provas de suas afirmações. Assim, podemos tranquilamente deixar essas afirmações de lado, mesmo que não tenhamos necessariamente dúvidas sobre a intenção do autor. Vamos nos contentar com a indicação de que cada pessoa que resolve buscar a verdade do tarô tem de partir do início,

---

[2] Max Luginbühl. *Das Geheimnis des Dreikräftespiels* [O Mistério do Jogo das Três Forças]. Pfullingen, Baum, 1961.

porque o mistério das cartas, se é que pode ser reconhecido, ainda não foi conhecido."[3]

As interpretações da palavra "Tarô", que também surgiram no final do século XVI, são muito diferentes e tão numerosas e cheias de fantasia quanto as histórias sobre a origem das cartas. Elas vão desde "Caminho Real" (do egípcio *tar* = caminho e *ro* = rei) passando por "Lei Divina" (do hebraico *Torah*) até as explicações profanas de que perto da cidade de Parma, no norte da Itália, existe um rio com o nome de Taro e que as cartas provavelmente surgiram nessa região. Só se tem certeza de que *Tarot* é uma palavra francesa, da qual não se pronuncia o "t" final. Aqueles que ainda o fazem querem enfatizar que o primeiro e o último "t" se pertencem, por assim dizer se superpõem, como se a palavra fosse escrita em forma circular sobre uma roda, de onde vem outro sentido do nome: *rota* (latim) = "a roda". Se acrescentarmos a palavra egípcia *orat* (= "anuncia") e levarmos em consideração que Ator era uma deusa egípcia da iniciação, entenderemos a proposição do ocultista norte-americano Paul Forster Case, combinando as quatro letras do nome: ROTA TARO ORAT TORA ATOR = *a roda do tarô anuncia a lei da iniciação*.

Como acontece com frequência, a verdade sobre a origem das cartas e o significado do nome está no centro de muitas especulações. Para mim, a questão da verdadeira idade das cartas parece realmente insignificante. Pois, se o tarô, como este livro irá demonstrar, transmite uma sabedoria arquetípica que tem raízes nas profundezas do inconsciente coletivo e remonta aos primórdios da criação da consciência humana, de fato não tem importância se as cartas demonstram uma sabedoria de quatrocentos ou de quatro mil anos. Em qualquer um dos casos, as imagens que elas transmitem são mais antigas do que o papel e a arte da impressão de livros.

Além disso, é unicamente no simbolismo profundo das 22 cartas dos Arcanos Maiores que se oculta essa sabedoria. Os 56

---
[3] Cynthia Giles. *The Tarot* [O Tarô]. Nova York, Paragon House, 1992, p. 70.

Arcanos Menores não têm essa dimensão. "O fato de nenhum ocultista ou outro escritor ter feito a tentativa de dar aos Arcanos Menores mais do que um sentido divinatório confirma", para Arthur Edward Waite, "de uma outra maneira, a hipótese de que os dois grupos não se pertencem."[4] E ele diz também que reconhece, de uma vez por todas, que os trunfos principais pertencem ao âmbito divino de ação da filosofia, e que todo o resto é adivinhação. As cartas dos Arcanos Menores nunca foram transmitidas em uma linguagem que adote um nível mais elevado do que o da arte da divinação.[5]

Até o início do século XX, as ilustrações das 56 cartas ainda não apareciam como nas nossas cartas de baralho. Elas mostravam o valor da carta em número correspondente de símbolos. Assim, na carta Três de Copas, podiam ser vistas três taças e, na carta Nove de Ouros, nove moedas. Interpretar essas cartas era tão difícil quanto interpretar o Três de Copas ou o Nove de Paus de um baralho comum. Ou teríamos de conhecer de cor o significado de todas as cartas, ou saber como combinar o simbolismo do número com a qualidade de cada um dos elementos[6] e fazer as deduções. Essa situação mudou em 1910, quando surgiu um novo *deck* de cartas de tarô desenvolvido por Arthur Edward Waite, pintado por Pamela Colman Smith e publicado por Rider & Co., em Londres[7], quando os Arcanos Menores foram ilustrados pela primeira vez. Desde então, as imagens conduzem ao significado de todas as 78 cartas em outros *decks* criados doravante. O Tarô Rider-Waite-Smith, provavelmente, é ainda o mais popular de todos os *decks* usados hoje.

Por mais bem-vindo que seja esse enriquecimento, ele não nos deve impedir de ver a grande diferença que existe entre as imagens que surgiram no curso dos séculos do inconsciente coletivo da humanidade – como podemos supor pelos 22 Arcanos

---

[4] Arthur Edward Waite. *Der Bilderschlüssel zum Tarot,* p. 46. [*A Chave Ilustrada do Tarô.*]
[5] Idem, p. 98.
[6] Paus = Fogo, Espadas = Ar, Ouros = Terra, Copas = Água.
[7] William Rider foi o editor das cartas.

Maiores – e as ilustrações que foram imaginadas por uma pessoa (os Arcanos Menores), ainda que ela fosse uma pessoa tão genial. Por certo, uma imagem imaginada é útil para se deduzir um significado, porém ela nunca alcança o conteúdo e a profundidade simbólica de uma imagem arquetípica. Por esse motivo, é pouco produtivo ficar analisando os detalhes das imagens dos Arcanos Menores. Elas simplesmente ilustram um tema. Assim, a carta Três de Copas nos mostra a dança da colheita, como se pode reconhecer pelas frutas caídas aos pés dos dançarinos. Quem entende esse enunciado nas ilustrações sabe o que a carta quer dizer: um desenvolvimento teve êxito, houve a colheita, a pessoa é grata e está satisfeita. A carta não revela mais do que isso. Qualquer especulação a respeito do fato de uma das dançarinas calçar sapatos dourados, enquanto os sapatos das outras são azuis, ou que tipo de frutas ou vegetais estão presentes, é algo sem importância, quando não inútil.

Nove de Ouros e Três de Copas na apresentação do Tarô de Marselha.

As mesmas cartas do Tarô Rider-Waite-Smith ilustradas por Arthur Edward Waite e Pamela Colman Smith.

Ao contrário disso, os 22 Arcanos Maiores são símbolos do caminho de vida de uma pessoa. E um símbolo – ao contrário dos sinais, dos ícones, dos

Arthur Edward Waite (1857-1942)

OS REORGANIZADORES DO TARÔ

Pamela Colman Smith
(1878-1951)

códigos e das cifras – não é algo fabricado ou imaginado. Um símbolo não visa ocultar algo notório; ao contrário, visa demonstrar algo que é maior e mais profundo do que pode ser expresso em palavras ou que a nossa razão pode compreender. Quando, portanto, um círculo é símbolo do todo original indiviso, do paraíso, do hemisfério divino, da Unidade total, do inconsciente, bem como da consciência superior, do ser, da perfeição, da eternidade e de muito mais, essas interpretações não são imaginadas, porém identificadas, no símbolo do círculo, com uma sabedoria já existente; e isso em todas as culturas da humanidade.

A chave para esses símbolos, portanto, está muito menos nas ações misteriosas dos círculos de ocultismo, nas diversas sociedades secretas, ordens ou lojas ditas esotéricas, e muito mais na compreensão profunda da alma dos seres humanos. Por conseguinte, no século XX, foi o psicólogo suíço Carl Gustav Jung que proporcionou um acesso valioso ao simbolismo arquetípico e, por meio disso, ao que muitas vezes chamávamos e ainda chamamos de conhecimento secreto. E, além disso, não se trata de "mexer em coisas misteriosas", de "encontrar um significado escondido" e, muito menos ainda, de ocultação consciente de um conhecimento com o objetivo de mantê-lo secreto. Trata-se muito mais de conhecimentos que ainda são secretos por sua natureza, porque foram obtidos a partir de correlações essenciais, embora invisíveis, por trás do mundo material palpável, a partir da realidade que está por trás da realidade. Esse conhecimento esotérico, que aparece de forma visivelmente semelhante em todas as culturas, sem dúvida é mais antigo do que qualquer religião, constituindo na maior parte suas raízes originais; e, em muitos casos, até hoje seu cerne mais profundo foi preservado. Em seu centro, está a pergunta sobre a jornada de vida dos homens e o significado de sua morte.

Resumindo ao máximo o pensamento que é a base desse conhecimento secreto, vivemos em uma realidade polarizada, em um mundo em que só podemos captar e entender algo quando usamos o polo contrário como referência. Não nos ocorreria chamar algo de masculino (ou reconhecê-lo como tal) se não existisse a contraparte feminina; não existiria o dia sem a noite; sem a morte, nem sequer saberíamos que estamos vivos. Quando compreendemos essa lei da polaridade como o princípio abrangente da nossa realidade, consequentemente é possível deduzir o polo contrário da polaridade, a inimaginável unidade que é descrita como o Paraíso Divino por todas as religiões, a seu modo, com suas imagens e símbolos. A queda dessa unidade original, o conflito, a multiplicidade e a possível volta ao paraíso original é o conhecimento esotérico sobre o caminho de vida individual.

Portanto, esse caminho é descrito pelos mestres espirituais como um caminho de cura, porque seu objetivo é a totalidade do ser humano (total = são). Assim, como na psicologia junguiana, parte-se do princípio de que o ponto de partida do ser humano é "incompleto" pois, de início, outras partes dessa totalidade estão na assim chamada "sombra", em um âmbito que é sentido como estranho e ausente pela consciência, e que só pode se tornar consciente gradualmente. Enquanto partes da nossa natureza essencial estiverem na sombra, elas não só faltam à nossa totalidade, mas são ao mesmo tempo a fonte essencial de muitos comportamentos falhos, com que elas – em palavras simples – querem chamar a atenção sobre si. Esse caminho torna-se visível nas 22 imagens das cartas dos Arcanos Maiores. É isso que as torna tão especiais. É isso que lhes imprime uma dimensão que ultrapassa tudo o que pode ser extraído delas em uma leitura de

Tarô de Marselha

Tarô Rider-Waite-Smith

Tarô de Thoth

cartas. Aí está o significado profundo, o verdadeiro cerne do tarô. Quem compreende essas correlações, quem os reconhece como imagens no caminho da vida, encontra nos Arcanos Maiores uma ajuda e orientação de clareza fascinante.

Ao mesmo tempo, sempre que surgem novas cartas de tarô com motivos parcial ou totalmente modificados, ou ao menos com acréscimos que não eram vistos nas cartas anteriores, bastante simples, apresenta-se a questão da autenticidade do simbolismo original dessas cartas. Nesse aspecto, é decisivo se o verdadeiro sentido da carta foi compreendido e enriquecido com símbolos análogos ou se a modificação é uma distorção do significado original. Por exemplo, quando um Tarô mostra uma carta do Pendurado com uma pessoa pendurada na forca, podemos ter certeza de que o criador dessas cartas se apegou ao nome da carta, embora não tivesse entendido nada do seu significado.

Se, ao contrário, for pendurado em uma cruz-T, pela perna direita (= consciente) em vez de pela esquerda (= inconsciente), o sinal dos escolhidos (ver p. 147), então existe um enriquecimento do simbolismo original que não falsifica nada, mas vai além do que existia antes. Ele torna claro que o sacrifício que existe aqui, entre outras coisas, é aceito voluntária e conscientemente pelos escolhidos. E quando, além disso, a madeira da cruz apresenta brotos frescos, isso é indicação de uma nova força vital gerada pelo sacrifício.

No *Tarô de Aleister Crowley* (*Tarô de Thoth*), que surgiu em 1944, a mesma carta mostra um homem crucificado e impotente, entre a vida e a morte. Enquanto a serpente da vida ainda o segura em cima – literalmente, como um fio de seda – sua atenção, sua cabeça, está voltada para a serpente da morte, embaixo. Nada disso falsifica o simbolismo original, mas oferece uma amplificação, o que representa enriquecimento; uma técnica que se comprovou útil em outras áreas simbólicas, como o trabalho junguiano com os sonhos, a fim de compreendermos o simbolismo dos sonhos.

No *Tarô Rider-Waite-Smith*, ao contrário existe uma modificação de que poucos tomam conhecimento; apesar de que, segundo a minha convicção, distorce o sentido do *deck*.

Waite renumerou as cartas da Justiça e da Força. Enquanto a Justiça originalmente estava na oitava posição e a Força na décima primeira, Arthur Edward Waite trocou a posição de ambas as cartas. No seu tarô reorganizado, como ele chamava, a Força ficou sendo a oitava carta, enquanto a Justiça recebeu a décima primeira posição.

Como o próprio Waite não considerou essa mudança digna de nota, naturalmente há muita especulação sobre o que o teria levado a fazer isso. Na maioria das vezes, ela é atribuída à Cabala, aquela doutrina secreta judaica em cujo centro se encontra a Árvore da Vida – como um símbolo abrangente da Criação como um todo. Ela se compõe de dez centros de energia, chamados de *Sephirah* no singular e de *Sephiroth* no plural, interligados por 22 caminhos. Enquanto os dez *Sephiroth* correspondem aos dez números principais, os 22 caminhos encontram seu paralelo nas 22 letras do alfabeto hebraico e – como muitos supõem – nas 22 cartas dos Arcanos Maiores. A partir desse contexto, Waite parece ter considerado necessária a mudança de numeração. Ao contrário dele, Aleister Crowley, que também era um conhecedor da Cabala, restaurou a sequência original em seu Tarô de Thoth.

A Justiça e A Força com numeração tradicional.

As cartas reorganizadas no Tarô Rider-Waite-Smith por Arthur Edward Waite e Pamela Colman Smith.

A sequência original nas cartas do Tarô de Thoth de Aleister Crowley.

Outra suposição parte do fato de que, em épocas antigas, a elaboração das cartas foi propositadamente modificada por alguns sábios para confundir os não iniciados. Embora não possa ser totalmente descartada, quase tudo depõe contra essa suposição. Por um lado, confundiu-se a natureza luminosa dos símbolos anteriormente descrita com uma linguagem secreta inventada para conter um conhecimento. Por outro lado, uma troca desse tipo é tão inofensiva, que ninguém que se esforce com seriedade é impedido de decifrar o "código". Como se demonstrará ao longo deste livro, a partir do segundo plano mitológico das cartas, a estrutura original das cartas é muito mais convincente. Chegamos ao mesmo resultado quando comparamos o simbolismo do números 8 e 11 com o respectivo tema da carta.[8]

---

[8] Sobre o assunto, ver *Schlüsselworte zum Tarot*, de Hajo Banzhaf, p. 200. [*As Chaves do Tarô*. Pensamento, São Paulo, 1993.]

Como usar este livro

Ler as cartas do tarô procurando as respostas para as perguntas previamente apresentadas é apenas uma das maneiras de lidar com elas. Este livro mostra outro acesso a um âmbito muito mais profundo do tarô, menos conhecido, mas bastante instrutivo. Trata-se de compreender as 22 cartas dos Arcanos Maiores como indicadores significativos do caminho; ou melhor dizendo, como marcos arquetípicos do caminho rumo a um tesouro de difícil acesso, que é a totalidade ou individuação. As numerosas ligações transversais que acontecem entre as cartas isoladas não só permitem reconhecer correlações instrutivas de significação, mas também, a partir delas, tornam clara a filosofia de vida que é transmitida no tarô. Quem penetrar e interiorizar esse conhecimento não encontrará nas cartas apenas uma valiosa ajuda e orientação, mas também compreenderá as tarefas, as dificuldades e as crises que a vida nos apresenta, assim como as nossas experiências felizes, em um âmbito muito mais abrangente e num contexto mais amplo de sentido.

Quem achar que está se reconhecendo nas várias etapas (cartas do tarô), durante a leitura do livro, não deve ficar surpreso com isso. Por um lado, as 22 cartas dos Arcanos Maiores representam o alcance das experiências que podemos encontrar no caminho de vida possível para nós. A limitação "possível para nós" quer dizer que não existe garantia de chegarmos à última carta. Elas formam um potencial. Mas por outro lado, a mesma sequência de cartas mostra imagens de nossos caminhos de desenvolvimento nos diversos âmbitos da vida; além disso, cada um dos trechos do caminho traz em si a estrutura do todo, segundo a lei hermética "O macrocosmo é igual ao microcosmo".

Sendo assim, por exemplo, podemos nos encontrar nas seguintes etapas (cartas do tarô) ao mesmo tempo:

1. Como no Pendurado em nosso caminho de vida, uma etapa típica que não ocorre apenas na meia-idade.

2. Como no Mundo em termos de ocupação ou profissão, quando encontramos o nosso lugar.

3. Entre o Diabo e a Torre em termos de relacionamento, quando nos emaranhamos na dependência e queremos nos libertar, ou então – e esta experiência é possível nas mesmas etapas – quando reconhecemos o tema da nossa Sombra (o Diabo) nos atritos e conflitos que repetidamente ressurgem de antigos padrões (a Torre).

4. Como na Estrela na resolução de problemas pessoais, porque acabamos de passar por uma ruptura decisiva (a Torre), e estamos esperançosos outra vez buscando novos horizontes (a Estrela), mas temos de trazer essa experiência ou conhecimento ainda incertos e inseguros, atravessando o limiar até a luz (a Lua), para a vida real (o Sol), para que elas tragam as soluções (o Julgamento) e encontrem seu lugar duradouro (o Mundo).

5. No início de um novo projeto em o Carro, porque reconhecemos que nossa pretensão é significativa (o Hierofante) e porque nos decidimos de todo o coração (o Enamorado) a assumir o risco de realizá-lo (o Carro).

6. Ao "incubar" (a Imperatriz) um impulso (a Mago), que deverá liberar um processo interior ainda inconsciente (a Sacerdotisa) e então tomar forma (o Imperador).

7. No terreno do desenvolvimento da consciência, em uma fase de retração em o Eremita, quando se trata de reconhecer nossa individualidade e, com esse conhecimento, entender a nossa missão de vida (a Roda da Fortuna).

Visto desse modo, esse é um acesso que não exige uma tiragem das cartas. Trata-se muito mais de a carta certa surgir por si, na medida em que a compreendemos como reflexo da etapa em curso; a partir do seu contexto, as correlações se tornam claras e auxiliam tanto a compreensão mais profunda como uma nova orientação para a vida. Mas é claro que existe o caminho inverso. Se ficarmos desorientados, podemos tirar uma carta dos Arcanos Maiores para verificar como o tarô mostra a nossa situação atual. As palavras-chave no final de cada capítulo nos aconselham sobre quais tarefas estão ao nosso alcance e quais os riscos que devem ser considerados nesse processo.

A JORNADA DO HERÓI

Uma Parábola para o Caminho de Vida dos Seres Humanos

Quando encenamos um mito ritualmente ou contamos um conto de fadas, existe para a pessoa que participa, isto é, para quem se emociona com ela, um efeito curativo, pois, devido à sua participação, ela é enquadrada numa forma arquetípica de comportamento e, desse modo, pode chegar pessoalmente "à ordem".

Emma Jung[1]

---
[1] Emma Jung e Marie-Louise von Franz. *Die Graalslegende in psychologischer Sicht*, p. 38. [*A Lenda do Graal*. Cultrix, São Paulo, 1990 (fora de catálogo)].

Origem e significado da jornada do herói

A jornada do herói é a história mais antiga do mundo. Ela é a estrutura essencial dos mitos, dos contos de fadas e das lendas que nos contam como uma pessoa põe-se a caminho para realizar a grande obra. Ela é a história por trás de todas as histórias contadas repetidas vezes, sempre do mesmo modo, até os dias de hoje, com nomes diferentes em todas as línguas e culturas. Ninguém a inventou, descobriu ou imaginou. Nessa história, sempre se expressa um conhecimento imediato da nossa alma, por assim dizer, um conhecimento "que ela trouxe consigo". Pois essa história mais velha do mundo é, ao mesmo tempo, uma história simbólica, uma parábola para o caminho de vida do ser humano. É isso que a torna tão fascinante e é por isso que tem de ser contada e recontada, para que nunca nos esqueçamos do por quê estamos na Terra e o que temos de fazer aqui.

Muitos etnólogos, psicólogos, filósofos e sociólogos estudaram o tesouro que se esconde nos nossos mitos e contos de fadas, e pesquisaram suas raízes. Temos de agradecer principalmente ao grande psicólogo suíço Carl Gustav Jung pela explicação esclarecedora sobre o fenômeno de que os temas dessa tradição evidentemente estão contidos na alma de cada ser humano. Ele provou que nós não temos somente sinais característicos externos, com base nos quais podemos ser reconhecidos como seres humanos, independentemente de idade, etnia e sexo, mas que também no âmbito da alma existe algo comum que é próprio de todo ser humano. Ele chamou esse âmbito interior de *inconsciente coletivo*. Nesse nível, que conecta todos os seres humanos, atuam os arquétipos, as imagens primordiais da alma humana que, por assim dizer, já "trouxemos junto" ao nascer e que não

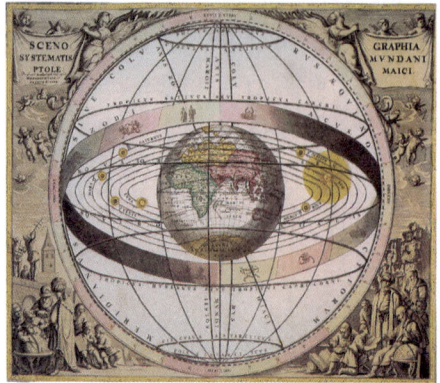

O Mundo antes e depois da mudança de Copérnico

Na apresentação geocêntrica (primeira imagem), a Mãe Terra está no ponto central de toda existência. Na apresentação heliocêntrica (segunda imagem), tudo está disposto redor do Sol.

precisamos adquirir através de nossa experiência de vida. Um desses arquétipos, por exemplo, é o velho sábio. Ele pode surgir no sonho de alguém que de fato nunca viu uma pessoa velha ou ouviu falar dela em sua vida. O inconsciente também está em posição de nos mostrar uma imagem arquetípica dessa camada coletiva mesmo sem um modelo externo. Um bom exemplo disso é o anjo, um arquétipo em que a probabilidade de nunca ter sido visto antes é consideravelmente maior.

A jornada do herói é o padrão arquetípico de uma trama de ações tecida a partir dessas imagens primordiais. É por isso que a jornada e a imagem parecem tão extraordinariamente familiares, apesar de todas as suas variações. Elas sempre nos contam sobre a "busca" aventureira do tesouro difícil de encontrar, e são formadas por componentes elementares que o filólogo Walter Burkert esboça como segue:

> De uma perda inicial ou de uma incumbência resulta uma tarefa que o herói tem de executar. Ele se põe a caminho, encontra adversários e ajudantes, consegue um encantamento mágico decisivo, enfrenta o adversário, vence-o, não raro sendo ferido; ele consegue o que procurava, põe-se a caminho de casa, eliminando seguidores e concorrentes. No final, há um casamento e a subida ao trono.[2]

---

[2] Ver Walter Burkert. "Mythos und Mythologie" [Mitos e Mitologia], em: *Propyläen Geschich- te der Literatur*, vol. 1, p. 14.

Por mais vezes que essa história tenha sido contada, não importa o número de contos de fadas e mitos que inspirou, nas imagens, como um todo, ela só tomou forma perfeita uma vez: nas 22 cartas dos Arcanos Maiores do tarô. Nos seus temas, não se torna visível apenas o acontecimento arquetípico, mas muitas ramificações de etapas isoladas tornam-se transparentes na estrutura das cartas, e o seu significado torna-se profundamente compreensível para a nossa jornada de vida.

A jornada de Hércules pelo mar à noite. Hércules na taça do Sol.

Os temas essenciais da jornada do herói foram com certeza lidos no céu; principalmente o movimento dos dois grandes luminares, o Sol e a Lua, que lhe serviram de modelo. Para entender esse segundo plano, é preciso contemplar o mundo como ele foi visto pelos povos durante milênios, antes que cientistas como Galileu e Copérnico introduzissem a grande mudança.

Sabemos atualmente que a Terra gira em torno de si mesma e do Sol. Mas, se seguirmos apenas a nossa percepção, o Sol continua aparecendo pela manhã e se pondo à noite. Apesar de todas as descobertas científicas dos últimos séculos, nada mudou nessa experiência para a alma humana. E quando queremos entender a história que a alma nos conta, temos de nos adaptar à sua realidade e ver o mundo como ele se apresentava à humanidade desde tempos remotos.

No centro, está a montanha do mundo, sobre a qual vivem os homens. De cada lado, há uma coluna poderosa. A coluna da esquerda é coroada pela Lua, a coluna da direita, pelo Sol. Juntas elas sustentam a abóbada celeste, sob a qual vivemos amparados e fora de perigo.

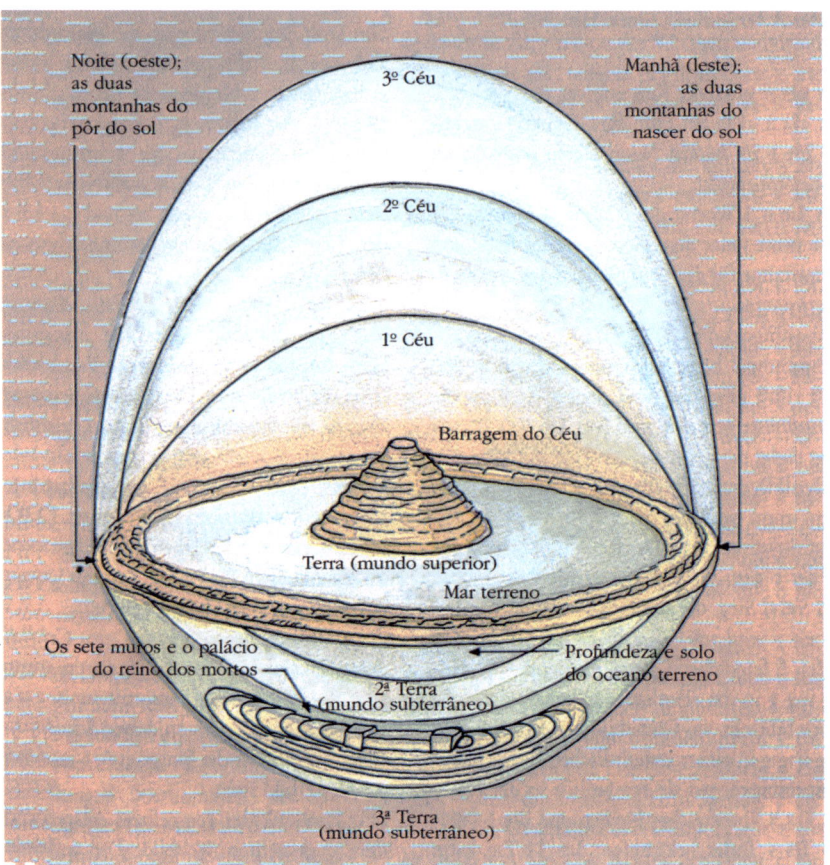

Visão babilônica do mundo.

Essa imagem fica ainda mais clara em uma apresentação esquemática, que nos mostra o universo babilônico. Ali se eleva a montanha do mundo no disco central, que é rodeado pelo vasto oceano. O diadema do horizonte carrega as esferas através das quais viajam os planetas e, abaixo do horizonte, encontra-se o mundo subterrâneo.

Nessa imagem, podemos estudar dois fenômenos, sobre os quais os seres humanos especulam desde os tempos mais remotos e para os quais eles sempre buscaram uma explicação. Como é possível que o Sol se ponha todas as noites no oeste e surja novamente no leste na manhã seguinte, de maneira tão maravilhosa? Como ele chega lá? Ninguém o viu à noite, e, no entanto, todas as manhãs ele surge do outro lado. Mentes prodigiosas

Visão bizantina do mundo.
Montanha do mundo, com as colunas que sustentam o céu.

desenvolveram teorias diferentes. Alguns imaginaram que à noite o Sol entra em um barco no portal do Ocidente – às vezes equiparado à uma meia-lua deitada –, no qual ele viaja pelo céu noturno. Como o céu noturno, com sua cor azul-escuro era visto como um mar noturno, dessa imagem da jornada noturna do Sol pelo mar surgiram as histórias da jornada noturna do herói pelo mar.

Em outras regiões, no entanto, e na maioria das regiões costeiras, espalhou-se a notícia de que o Sol de fato desaparecia todas as noites atrás do horizonte e que por isso deveria haver um mundo subterrâneo que o Sol atravessava durante a noite. Esse é o tema das histórias da descida ao mundo subterrâneo, que nos contam como as almas das pessoas falecidas, que têm sede da luz e da energia vital do Sol, se rejubilam assim que ele mergulha no reino das sombras; mas também as histórias que relatam que na hora dos espíritos, por volta da meia-noite, as forças da luz lutam contra as forças das trevas e que o nascimento matinal do Sol é uma prova de que as forças da luz sempre vencem a batalha.

Também no movimento da Lua, o segundo luminar no céu, foi lido um tema importante. No final do seu ciclo, e portanto no final do mês original, ainda é possível ver a meia-lua da antiga Lua uma última vez pela manhã, no horizonte *oriental*. Então, seguem-se em média três noites sem Lua, antes que ao pôr do sol a meia-lua da nova luz surja outra vez no céu *ocidental*. Nos três dias e noites intermediários, a Lua certamente atravessa o mundo subterrâneo, pois senão como ela poderia aparecer subitamente no oeste, depois de ser vista pela última vez no leste? Analogamente a esse acontecimento celestial, existe nas tradições de muitos povos a história de um herói que desce ao

O deus solar egípcio no barco dos milhões de anos. Na primeira imagem: A jornada através do céu noturno (céu estrelado); na segunda imagem: A jornada pelo céu diurno (disco solar).

ORIGEM E SIGNIFICADO DA JORNADA DO HERÓI 39

O arco diurno do Sol e a jornada pelo mundo
subterrâneo nas imagens dos Arcanos Maiores.

mundo subterrâneo a fim de realizar uma grande obra, voltando ou subindo vitorioso dessa jornada ao inferno depois de três dias. Conhecemos esse tema da Bíblia e do credo cristão, quando se diz de Jesus: "...crucificado, morto e sepultado, desceu à mansão dos mortos, ressuscitou ao terceiro dia...".

O objetivo do caminho.

Os antigos egípcios, aos quais agradecemos os importantes conhecimentos sobre os inter-relacionamentos e símbolos da jornada do herói (e com isso, das cartas dos Arcanos Maiores) reproduziram a jornada do seu deus solar Rá com muitas ilustrações. Em seu barco, que também era chamado de "O barco de milhões de anos", todos os dias ele atravessava novamente o céu diurno e o céu noturno.

Encontramos esse tema outra vez nas 22 cartas dos Arcanos Maiores: as cartas de um único algarismo, de 1 a 9, falam sobre a jornada do Sol através do céu diurno, ao passo que as cartas com dois algarismos, de 10 a 18, contam a descida ao mundo subterrâneo e a volta à luz. E, além disso, ambas, uma de cada vez, estão ligadas pela soma transversal das cartas interligadas aos significados correspondentes.

O ponto de mutação dessa jornada é marcado pelas cartas O HIEROFANTE e A LUA. Enquanto na carta a Lua identifica-se facilmente o signo de Câncer, na carta o Eremita é preciso esforço para descobrir, por meio da Astrologia, que o Eremita corresponde a Saturno e ao signo de Capricórnio. Assim sendo, as cartas também refletem os solstícios no percurso anual do Sol ao atingir o Trópico de Câncer e o Trópico de Capricórnio.

O motivo dominante de ambos os percursos do caminho se encontra nos primeiros dois Arcanos. Nas cartas de um só algarismo, a Carta 1 apresenta o tema: Trata-se do Mago, que indica o caminho masculino da conscientização, que vai da esquerda (inconsciente) para a direita (consciente). A Sacerdotisa, a Carta 2, ao contrário, é a chave para o caminho feminino das cartas de *dois algarismos*, que vai da direita para a esquerda e descreve a direção para o escuro, o inconsciente, o secreto – o caminho através dos mistérios. Naturalmente, aqui não se trata do caminho dos homens e do caminho das mulheres. Para se tornarem *inteiros*, os homens e as mulheres têm de percorrer tanto o caminho masculino quanto o feminino. Da mesma forma, a jornada do herói naturalmente é a jornada da heroína, mesmo que a maioria dos mitos que preservamos sejam contados com entonação patriarcal, narrando unilateralmente a história dos heróis que realizam a grande obra.

O grande psicólogo analítico Carl Gustav Jung descreve a autorrealização como um processo de individuação, que consiste em descobrir e desenvolver a originalidade individual, deixar o próprio padrão de vida ir tomando forma e, dessa maneira, em última análise, encontrar a totalidade. Também esse caminho é dividido – comparável ao percurso do Sol – em dois segmentos, em que se pode ver que a primeira metade da vida serve ao próprio desenvolvimento e ao crescimento exterior; enquanto, no sentido contrário, a retirada para o interior e o encontro com a sombra são temas da segunda metade. O objetivo ou o fruto do caminho de individuação, a personalidade unificada, amadurecida para a totalidade, é o tema dos últimos três Arcanos Maiores, cartas 19 a 21, que são alcançadas por aquele que percorreu os dois mundos. Elas representam a volta à luz (o Sol), o mistério da transformação (o Julgamento) e o reencontro do paraíso (o Mundo). A 22ª carta com a cifra 0 é o Louco. Ela nos mostra o herói, que segue o curso do Sol a fim de realizar a grande obra. Dele diz o palhaço de Shakespeare: "A tolice, senhor, anda pelo orbe como o Sol".[3]

---

[3] Shakespeare. *Twelfth Night* [Décima Segunda Noite], 3º ato, 2ª cena.

OS ARCANOS MAIORES

O LOUCO

O Louco
O herói da história

Não é extraordinário que justamente o Louco seja o herói que consegue realizar com êxito a grande jornada? Atualmente consideramos heróis pessoas com caráter muito diferente. Eles são corajosos, fortes, imperturbáveis, inteligentes e estão sempre cercados com a aura dos eternos vencedores. Se voltarmos no tempo, no entanto, veremos que todos esses heróis corajosos e invencíveis provêm de uma época relativamente recente, mesmo que alguns deles como, talvez, Gilgamesh, Hércules, Órion ou Perseu possam contemplar três a quatro mil anos de história. Esse tipo quase sempre másculo de herói é uma formação do início do patriarcado e se distingue essencialmente dos seus modelos mais antigos, que nós também conhecemos. Eles continuam vivos na tradição oral, em nossos contos de fadas e lendas. Ali o herói – ao menos a princípio – não é especialmente corajoso, forte, esforçado ou hábil. Ao contrário, ele é sempre o mais novo, o tolo, o bobo. Mas, fato interessante, é justamente esse "simplório" que consegue realizar a grande obra. Em seu modelo essencial todas as histórias são parecidas. Elas contam, por exemplo, como um próspero reino é ameaçado por uma desgraça; por isso o rei manda procurar um herói que esteja disposto a arriscar a vida para salvar o país da destruição ameaçadora. Em geral, o rei tem três filhos, dos quais os dois mais velhos se declaram mais ou menos dispostos a tentar, embora tentem sem sucesso resolver o problema. Quando o filho mais jovem resolve tentar também, todos riem dele e o consideram perdido. Ele também sabe que não é muito esperto, corajoso ou habilidoso, no entanto, assume o risco e segue seu caminho. Depois de muitas provas e de acontecimentos milagrosos, ele encontra o tesouro que é tão difícil de encontrar, consegue trazê-lo para casa e salvar o país

Parsifal em trajes simples.

do grande perigo.¹ A qualquer um o rei atribuiria a capacidade desse feito, na maioria das vezes, naturalmente, aos seus filhos mais velhos, tão parecidos com ele e quase tão inteligentes e intrépidos como ele é (ou foi um dia), mas por certo não imaginou que o filho mais novo seria o herói.

Mas é exatamente nisso que está a notável mensagem dos contos de fadas de todos os povos: os maiores problemas só são resolvidos pelo lado que nós menos esperamos. A explicação nos é dada por Marie-Louise von Franz: "O simplório...", assim diz ela, "simboliza a autenticidade e a integridade da personalidade. A integridade é mais importante do que a inteligência ou autocontrole, ou qualquer outra coisa. É a autenticidade... que salva a situação."². No entanto, seria falso e prematuro chegar à conclusão de que se trata da jornada do Louco. Sem dúvida, o herói inicia a jornada como um simplório, mas ele logo amadurece. No entanto, no final da história, ele sempre precisa reencontrar uma postura simples e modesta, semelhante à da partida. Como Parsifal, que sai para o mundo em trajes simples e no final da história, como um mero tolo reencontra o Graal, também aqui vemos o Louco como uma pessoa ingênua na porta de entrada da nossa história, que chegará à porta da saída como um sábio inocente.

A carta mostra o Louco na companhia de um cão, que simboliza as forças úteis dos instintos que o protegerão em seu caminho. Embora ele esteja à beira do abismo, sem se dar conta disso, ele não cairá. O latido do cão dará o aviso, ou – o que é ainda mais provável – ele será atraído para outra direção, sem jamais saber quão perto esteve do abismo. As montanhas cobertas de neve, ao fundo, representam as alturas que ainda terá de escalar em sua jornada. Trata-se dos picos em que vive o Eremita, que, no final da série de cartas de um algarismo, representa o objetivo da primeira metade do caminho. Esse objetivo é o

---

[1] Naturalmente, há muitos equivalentes femininos para essa história, em que a filha mais nova, em contraste com as irmãs mais velhas (muitas vezes, malvadas) é a heroína. (Por exemplo, a Cinderela, Psiquê ou a filha mais nova do rei Lear.)

[2] Marie-Louise von Franz. *Der Schatten und das Böse im Märchen* [A Sombra e o Mal nos Contos de Fadas], p. 205.

conhecimento, mais propriamente o autoconhecimento. Tudo o que o Louco leva consigo para a jornada está em sua trouxa, sobre cujo conteúdo já se especulou bastante. A explicação mais bela foi dada por Sheldon Kopp. Ele a chamou de "o pacotinho do conhecimento inaproveitado".[3]

Nisso se expressa uma postura essencial típica e importante do Louco. Ou ele não sabe nada, ou não usa seu conhecimento. Por isso, ele também não é impedido ou bloqueado por aquilo que sabe. De certa forma, ele personifica nossa criança interior; e sabemos que as crianças sempre gostam de provar coisas novas e de trilhar, brincando, caminhos inusitados. Essa receptividade sem julgamentos é sem dúvida a melhor postura para realmente aprender algo novo. É por isso que Waite também denominou essa carta de "a mente em busca de conhecimento".

No entanto, quanto mais amadurecemos, tanto mais tendemos a nos apegar às nossas ideias e a reafirmar sempre as nossas opiniões. Assim, aparentemente, não só temos sempre razão, como vemos nossa opinião fortalecida. A realidade que de fato existe por trás das nossas ideias, interessa-nos cada vez menos. Em vez disso, vivemos em um mundo de ideias, que orgulhosos chamamos de o nosso conhecimento pragmático que cada vez mais atrapalha o nosso caminho, quando se trata essencialmente de

As montanhas cobertas de neve no horizonte da carta do Louco mostram o mundo em que o Eremita se sente em casa. Elas representam o grau de conhecimento que o Eremita conquistou, mas que o Louco ainda tem de atingir.

---

[3] Sheldon B. Kopp. *Kopfunter hängend sehe ich alles anders* [De Cabeça Para Baixo Vejo Tudo Diferente], p. 13.

nos abrirmos a novos conhecimentos. Nós nos apegamos demais às nossas imagens e julgamentos, porque os conhecemos e nos parecem seguros. Não é de admirar que nosso dia a dia se torne cada vez mais aborrecido e a vida se transforme em uma monótona rotina, em que a nossa alegria de viver desaparece e uma falta de ânimo tediosa ocupa o seu lugar. Tampouco é de admirar que a realidade pareça nos perseguir e nós – em parte por meio de crises violentas – tenhamos de reconhecer que tínhamos feito uma imagem falsa de nós mesmos.

O Louco, ao contrário, representa o nosso lado alegre, descomplicado, que não só não se importa se algo é perfeito ou se nós falhamos, mas experimenta alegremente coisas novas, sem medo de se envergonhar, de fracassar ou de parecer ridículo. Se não der certo, ele tentará outra vez, até conseguir ou perder o interesse. Ele é capaz de alegrar-se de todo o coração e de surpreender-se com tudo o que é possível fazer na vida e com a multiplicidade de coisas que este mundo nos oferece.

Palavras-chave para a carta

O LOUCO

ARQUÉTIPO:	A criança, o tolo ingênuo
TAREFA:	Tentar o novo sem julgamentos, aprender brincando
OBJETIVO:	Alegria de viver, juntar experiências brincando
RISCO:	Falta de jeito, confusão, descuido, tolice
DISPOSIÇÃO ÍNTIMA:	Aventureiro, curioso, certeza instintiva, franqueza surpreendente, alegria imperturbável de viver, o desejo de tentar alguma coisa

O MAGO

A SACERDOTISA

O Mago e a Sacerdotisa
Os pais celestiais

É típico que os heróis clássicos tenham dois pares de pais: um par celestial e um terreno. Essa imagem é conhecida em vários mitos, cujos heróis, filhos de grandes deuses, eram criados por pais terrenos – talvez na corte do rei. Às vezes, essa imagem esconde o tema da origem desconhecida do herói. Os contos de fadas fazem referência a "outros pais", na maioria das vezes pelo fato de os seus heróis crescerem junto de pais adotivos. No tarô, esses pais duplos são vistos nas quatro primeiras cartas numeradas.

O Mago e a Sacerdotisa representam os pais celestiais do herói e personificam a polaridade original – masculino e feminino – no âmbito celestial, ou seja, no mundo das ideias. Sempre que falarmos aqui de "masculino" e "feminino", estaremos indicando não a divisão de papéis ou a soma das características masculinas e femininas, mas apenas o significado simbólico desses conceitos. O masculino arquetípico juntamente com o feminino arquetípico são a expressão dos dois princípios primordiais, que, tal como o Yin e o Yang, só formam o todo quando justapostos. Eles simbolizam os dois polos da dualidade, mediante a qual a nossa consciência toma conhecimento da realidade, por exemplo como:

Masculino	–	**Feminino**
ativo	–	passivo
direita	–	esquerda
em cima	–	embaixo
dia	–	noite
Sol	–	Lua
maré alta	–	maré baixa

consciente	–	inconsciente
mente	–	alma
razão	–	intuição
quantidade	–	qualidade
ter	–	ser
penetrante	–	permeável
agir	–	deixar acontecer
causar	–	conceber
tensão	–	relaxamento
renovar	–	preservar
agir	–	reagir
extrovertido	–	introvertido
voluntário	–	involuntário
conceito	–	imagem
logos	–	eros
causal	–	análogo
abstrato	–	concreto
análise	–	síntese
detalhado	–	total
separar	–	unir
distância	–	proximidade
externo	–	interno
direto	–	indireto
extenso	–	intenso
extremo	–	moderado
linear	–	cíclico
angular	–	circular
duro	–	macio
áspero	–	suave
direito	–	moralidade
lei	–	compaixão
claro	–	escuro
tom maior	–	tom menor
constante	–	mutável
revelar	–	ocultar

A mesma dualidade se mostra nos dois caminhos que levam o ser humano ao conhecimento: o caminho mágico e o caminho místico. Eles correspondem, por sua vez, às duas possibilidades básicas de encarar a natureza: interferir ou adaptar-se.[1] O caminho do Mago é percorrido pelo homem com índole de Fausto que, em sua busca de conhecimento, pesquisa e penetra a natureza, descobre seus segredos a fim de compreendê-los e, em última análise, dominá-los. Trata-se do caminho que foi percorrido sobretudo pelo homem ocidental, que trouxe ao atual estilo de vida a bênção e a maldição da técnica. É o caminho do poder exterior e da ação, em que se faz "todo o possível", e quando algo dá errado ou proporciona uma sensação perturbadora é "eliminado". Em ambos os casos, a energia do Mago é voltada para o comportamento ativo, ao contrário da Sacerdotisa, que indica o caminho do ser humano místico e representa a arte de "deixar acontecer", uma postura de vida que ainda encontramos nas tradições orientais. Percorrer esse caminho místico significa ficar pacientemente à disposição, até sermos encontrados, tocados e transformados pelo divino. Dito de modo mais simples: o Mago busca, o místico se deixa encontrar. Ambos são caminhos de conhecimento, que têm seu correspondente na polaridade da Criação, bem como nos dois hemisférios do nosso cérebro. Nenhum caminho é mais correto ou melhor do que o outro. Cada um deles é ruim se houver exagero, porém valioso e bom quando trilhado na medida certa. O herói da nossa história terá – como cada um de nós – de percorrer os dois caminhos, um depois do outro, a fim de alcançar o objetivo.

---

[1] Estas também são, afinal, as duas possibilidades de entender apresentadas pelo ensinamento de Darwin da "sobrevivência do mais apto" que, em geral, é traduzido como "a sobrevivência do mais forte". Mas o inglês *to fit* também significa adaptar-se, então a sentença pode ser traduzida como "sobrevivência do que estiver mais bem adaptado".

O Mago
O pai celestial

O MAGO PERSONIFICA O PRINCÍPIO ATIVO, criativo. Ele representa a consciência solar, que ilumina as coisas e que busca a clareza e o que é inequívoco. A carta o mostra na pose do mestre, que não age com a própria força, mas recebe sua energia de cima e a torna eficaz na Terra. Essa ligação entre em cima e embaixo também se expressa no bastão e no oito deitado, o nó do infinito (leminiscata). Ela simboliza a união de dois mundos e a sua troca constante e recíproca.

A mesa quadrada do Mago representa o âmbito da realidade terrena, pois corresponde ao número 4. Em cima dela estão os símbolos dos quatro naipes do tarô: Bastão e Espada, Taça e Moeda como representantes dos quatro elementos: Fogo e Ar, Água e Terra. O seu conjunto também representa a totalidade que, segundo a doutrina greco-romana, diz que toda a Criação foi formada a partir desses quatro elementos. Aqui elas se apresentam como tarefas, mais exatamente como as tarefas de vida a serem realizadas pelo Mago. Portanto, essa carta representa a inteligência, a habilidade, bem como a vontade e a força para realizar as tarefas que nos são impostas pela vida para que nos tornemos perfeitos.

O fato do Mago talvez não ser um charlatão, mas uma força muito valiosa voltada para objetivos mais elevados é constatado pelas rosas vermelhas (amor divino), pelos lírios brancos (pureza da alma), bem como pelo segundo plano dourado da carta, que nos Arcanos Maiores do Tarô Rider-Waite-Smith simboliza os temas "nobres".

Palavras-chave para a carta
O MAGO

ARQUÉTIPO:	O criador, o mestre
TAREFA:	Atividade, tomar a iniciativa, dar impulso, encarar tarefas e realizá-las
OBJETIVO:	Maestria, autorrealização, conhecimento
RISCO:	Mania de grandeza, fantasias de onipotência, charlatanismo
DISPOSIÇÃO ÍNTIMA:	Autoconfiança, estar ligado a grandes reservas de energia

A Sacerdotisa
A mãe celestial

COMO POLO OPOSTO AO MAGO, A Sacerdotisa personifica o princípio passivo, receptivo. Ela simboliza a disposição paciente de deixar-se conduzir e de esperar pelo momento certo para reagir a um impulso. Como ela sabe que todas as coisas têm o seu tempo, ela consegue deixar as coisas acontecerem sem interferir apressadamente em seu curso. Assim, a carta é expressão da confiança na nossa voz interior, que nos indica determinado caminho e sempre nos diz de forma digna de confiança se, quando, onde e como devemos agir.

A Sacerdotisa está sentada entre duas colunas abertas em cima, símbolos de sua disposição receptiva. Elas trazem as letras B e J, de acordo com o relato bíblico do primeiro templo de Jerusalém, diante do qual o rei Salomão mandou erigir duas colunas que receberam o nome de Boaz e

Joaquim (2 Crônicas 3:17 e 1 Livro dos Reis 7:21). O significado original dessas colunas e dos seus nomes não é conhecido, não obstante se tenha especulado bastante sobre ele. As duas colunas encontraram seu lugar principalmente na maçonaria. Na carta do tarô uma delas é preta, a outra é branca, representando assim a polaridade primordial, como entre luz e trevas, dia e noite, verão e inverno, consciente e inconsciente. O trono da Sacerdotisa fica no centro dessa polaridade, porque ambos os lados têm grande significado para ela. Ela não separa nem avalia, porém sabe que a união dos dois polos resulta no todo. Quem os reduzir a opostos, não só perderá a unidade original, como só encontrará unilateralidade em vez de clareza. Diante desse segundo plano seria consequente ler as letras B e J também como Baal e Javé. Baal era o consorte da poderosa rainha do céu canaanita, Astarte, cujo culto era lunar e, portanto, um culto noturno, ao passo que Javé (Jeová), o Deus do Antigo Testamento, era adorado como um deus de luz[2] que – como todas as divindades patriarcais – de preferência, combatia as forças das trevas.

Nessa carta, ambas as forças têm igual valor, porque, no âmbito mais profundo (e, ao mesmo tempo, no mais elevado), todas as separações hostis entre luz e trevas, bem e mal, Deus e Diabo, vida e morte são falsas porque estão distantes da realidade. No íntimo, conhecemos a totalidade, que só é alcançada quando a luz e as trevas celebram seu casamento além de todas as limitações e valorizações. Essa intuição, esse conhecimento profundo da unidade abrangente é a "sabedoria do útero" que é personificada pela Sacerdotisa e que é expressa pelo fato de o rolo da Torá,[3] a lei divina, estar no seu colo. Ela não acredita literalmente nos textos, porém sente o verdadeiro sentido por trás de tudo o que é dito, como Maria, de quem se conta maravilhosamente em

---

[2] "Oficialmente" devemos acrescentar uma limitação, pois, para grande desgosto dos sacerdotes, grande parte do povo de Israel via na rainha do céu, Astarte, a esposa de Javé.

[3] Por Torá entende-se os cinco livros de Moisés, o início do Antigo Testamento. Esses livros contêm os mandamentos do povo judeu. Por isso a Torá é muitas vezes equiparada à lei divina. Originalmente – e até hoje nas sinagogas – esses "livros" eram escritos num rolo. É por isso que se pode ver o rolo na carta do tarô.

uma história de Natal: "Maria conservava todas estas recordações e as meditava em seu coração" (Lucas 2:19).

O mesmo é expresso pela sua coroa, em que se veem as três fases da Lua – crescente (☽), cheia (○) e minguante (☾), o que acentua, além de sua natureza cíclica, também a consciência lunar representada por essa carta. A luz indireta da Lua não permite que se vejam as coisas com a mesma clareza e nitidez como à luz do Sol, mas que em troca possibilita visões dos âmbitos de sombra, que fogem à consciência solar porque somem imediatamente com o aparecimento do Sol. Assim, a Sacerdotisa representa o mundo dos sonhos, dos sentimentos e das sensações, e pode intuir suas correlações. Ela é a fonte da inspiração mais profunda, que brota tanto mais viva quanto mais decresce nossa consciência diurna, encontrando-se, por assim dizer, em um "estado crepuscular".

Palavras-chave para a carta	
A SACERDOTISA	
ARQUÉTIPO:	A rainha do céu
TAREFA:	Esperar pacientemente por um impulso (interno ou externo), pelo momento certo, ser receptivo, ser um eco, manter-se à disposição
OBJETIVO:	Certeza intuitiva, compreensão profunda, sentir correlações, compreender os sonhos, prever desenvolvimentos
RISCO:	Fuga da realidade, hesitação, indecisão duradoura
DISPOSIÇÃO ÍNTIMA:	Poder deixar as coisas acontecerem, ter confiança por saber que é orientado, ficar inspirado em um estado alterado de consciência

| A IMPERATRIZ | O IMPERADOR |

A Imperatriz e o Imperador
Os pais terrenos

Assim como os pais celestiais revelam os princípios primordiais masculino e feminino no mundo das ideias, do mesmo modo os pais terrenos encarnam esses princípios primordiais no âmbito concreto: como a Mãe Natureza (a Imperatriz) e como a força da cultura e da civilização (o Imperador). Quando as duas forças estão em sintonia harmoniosa, o ser humano vive protegido, amparado e bem cuidado. Enquanto a Mãe Natureza como fonte de toda a vida sempre faz crescer novos frutos, o Imperador traz a colheita. Onde a Mãe Natureza se mostra em seu estado selvagem original, o Imperador sabe como plantar jardins e construir abrigos em meio à floresta para que o ser humano possa se proteger dos ataques e sentir-se seguro diante das mudanças da natureza, às quais tem sempre de enfrentar na forma de frio, calor, umidade ou tempestades. Enquanto a Mãe Natureza está sujeita às mudanças cíclicas, o Imperador procura compensar essas oscilações e nivelá-las da melhor forma possível. Ela pode produzir os melhores frutos durante muitos anos, mas, subitamente, em outros períodos, deixa seus filhos passarem fome. É por isso que ele constrói silos para cereais e geladeiras, para compensar essas oscilações, do mesmo modo como constrói aquecedores e ares-condicionados a fim de equilibrar as oscilações de temperatura "dela".

Dentro de limites sadios, seus esforços representam a verdadeira civilização, o que significa o aprimoramento da selvageria rude, original da natureza. Mas em excesso, a força do Imperador leva à compressão de todos os ciclos, à retificação de todos os rios, a desertos de cimento e a excessos de asfalto, a parques monótonos, a bosques esquematizados e ao ermo estéril de um mundo artificial feito de matéria sintética. Quando suas estruturas ficam muito rígidas, a Mãe Natureza sabe como torná-las mais suaves ou rompê-las. Horríveis paredes de concreto são cobertas amorosamente por hera, e campos em ruínas são profusamente cobertos de flores. O que quer que ele construa, enferruja, deteriora e estraga, retornando para ela a não ser que ele lhe dedique atenção.

Como a Mãe Natureza, a Imperatriz encarna tudo o que é natural, ao passo que o Imperador representa tudo o que é criado pelas mãos humanas. Ela representa o redondo, pois a linha reta é a exceção em seu mundo. Ele representa tudo o que é reto, pois o que suas mãos ou suas máquinas realizam é predominantemente liso e reto. Até mesmo o tempo ela vive de modo cíclico, sem começo e sem fim, sem inovações reais. Trata-se da duração do ano, o eterno retorno do que já existiu. O tempo dele, ao contrário, é linear. Nele tudo tem um começo e um fim, e o desenvolvimento entre eles é chamado de progresso. Por isso sabemos que no mundo dela, tudo o que passa torna a renascer acompanhando a crença no ciclo eterno dos renascimentos. Ao contrário, no mundo linear do Imperador, sabe-se com a mesma certeza que tudo tem um início e um fim e disso se conclui que nós também só vivemos uma vez.

A Imperatriz
A mãe terrena

A MÃE NATUREZA ESTÁ SENTADA NO seu trono, enfeitado e cercado por símbolos da sua fecundidade: as romãs em seu vestido, o campo de trigo, a floresta, o rio, todos eles mostram que ela é o solo fértil, a fonte de onde surge toda a vida. As doze joias da sua coroa representam os doze meses do ano e a mostram como imperatriz das estações. O sinal de Vênus em seu trono acentua o aspecto pacífico da Mãe Natureza, o seu lado protetor e fecundo. Sendo assim, o lado selvagem, destruidor do seu caráter, que pode se manifestar na forma das catástrofes naturais, fica no segundo plano da carta.

A Imperatriz é a carta da criatividade e da energia vital, do solo praticamente inesgotável, que sempre faz brotar coisas novas de si. Ela representa as fases férteis, o desenvolvimento animado e as renovações cíclicas.

Palavras-chave para a carta	
A IMPERATRIZ	
ARQUÉTIPO:	A mãe (Mãe Natureza)
TAREFA:	Ser fértil, trazer o novo ao mundo
OBJETIVO:	Energia vital e crescimento, renovação cíclica, afirmação da vida
RISCO:	Crescimento desordenado, instabilidade
DISPOSIÇÃO ÍNTIMA:	Pisar em solo fértil, sentir-se vivo, conhecimento dos ciclos e confiança na abundância

O Imperador
O pai terreno

O IMPERADOR REPRESENTA A ESTRUTURA, A ordem, a clareza e a realidade. Como um patriarca ele é tanto uma garantia de segurança e ordem quanto o portador de grande responsabilidade. Sua força extraordinária está em sua perseverança e na sua perícia em não se desviar de seus objetivos. Com o desmantelamento generalizado da imagem do pai no século XX, muitas pessoas acham que os valores que ele representa estão há muito ultrapassados. Com isso esquecem-se com muita facilidade de que ele apenas encarna a força que transforma em realidade as ideias, os desejos e os objetivos.

Ele é o que faz, ele é o que realiza, é o que sabe como "fazer apropriadamente um trabalho". E com tudo isso, ele não é hostil à vida, do que muitas vezes o acusam injustamente. Ao contrário: em sua mão direita, ele segura como cetro a cruz Ankh, a cruz do antigo Egito, que simboliza, com o círculo e o bastão, a ligação viva dos princípios feminino e masculino. Para os egípcios, ela era o sinal da vida. Esse cetro indica que ele é uma força que protege a vida, uma força que a mantém.

Palavras-chave para a carta

O IMPERADOR

ARQUÉTIPO:	O pai (patriarca)
TAREFA:	Concretizar ideias, intenções e talvez até mesmo desejos há muito acalentados de modo consequente. Perseverança
OBJETIVO:	Criar a ordem e um ambiente seguro, estrutura, capacidade de resistência
RISCO:	Teimosia, perfeccionismo, endurecimento, rigidez
DISPOSIÇÃO ÍNTIMA:	Consciência da responsabilidade, manter-se atento aos objetivos, apego à realidade e sobriedade

Os pais celestiais e os pais terrenos

NAS PRIMEIRAS QUATRO CARTAS, SURGEM AMBOS os pais na sequência: masculino (I), feminino (II), feminino (III), masculino (IV). Como os números ímpares valem como masculinos e os pares como femininos, de certa forma seria mais compreensível se o Imperador tivesse o número III e a Imperatriz o número IV.

O Caminho masculino do Mago
O caminho da vontade e da lei

O Caminho feminino da mística
O caminho do desejo e da graça

O MAGO

A SACERDOTISA

O Mago que serve como libertação do seio materno e que leva ao desenvolvimento de si mesmo

A Sacerdotisa que leva à superação dos símbolos masculinos de poder e à totalidade

A IMPERATRIZ

O IMPERADOR

Mas é justamente na apresentação dessas cartas que há afirmações importantes:

1. O terreno é uma imagem espelhada do celeste, motivo pelo qual os pais terrenos – como em um espelho – parecem "invertidos".

2. Com esse ritmo quaternário, relaciona-se tudo o que será concreto e que toma forma neste mundo. Por certo é necessário um impulso criativo (I) que desperta um eco positivo, uma disposição receptiva (II). Sem eco o impulso não tem efeito. Sem impulso não existe eco. Mas se ambos se encontrarem – do um e do dois surge o três – então ocorre o amadurecimento do fruto (III), que finalmente toma sua forma concreta, definitiva (IV). No âmbito da formação do ser humano, estes passos constituem: o sêmen (I), o ovo (II), o feto (III) e o momento em que a criança vê a luz do mundo e sua forma se torna visível (IV). Em um processo criativo, se trata da ideia (I), da ressonância positiva, do solo fértil, do qual ela precisa para não ser desperdiçada (II), do amadurecimento do projeto (III) e a sua conversão em algo concreto, sua realização (IV).

3. Essa afirmação significativa também vale para a jornada do herói. Nessas primeiras quatro cartas, já se vê por que ele fará a jornada, que tarefas terá de realizar e que trechos do caminho terá de percorrer. O caminho masculino é o da vontade, o caminho da conscientização, mas também o caminho da lei, visto que aqui é preciso pesquisar as regularidades da vida e do mundo e aprendê-las. Ele percorre as cartas de um único algarismo e está sob a regência da carta número 1, o Mago (I).

Segundo a qualidade desta carta, trata-se de um caminho ativo, no qual os desafios são procurados, controlados e dominados. No âmbito do significado, esse trecho do caminho corresponde à primeira metade da vida. Enquanto o herói – e cada um de nós – o percorre, é preciso libertar-se do colo materno (III = a Imperatriz), sair para o mundo e tornar-se adulto. Então, por volta da metade da vida, os presságios se modificam. Agora é a Sacerdotisa (II), a carta número 2, que assume a direção no caminho feminino através das cartas de dois algarismos, que leva para baixo e para dentro, que nos introduz nas profundezas misteriosas do inconsciente, nos mistérios da vida. Nesse caminho, é preciso praticar a arte do "deixar acontecer".

Agora é preciso realmente participar; pois seja o que for que houver nesse caminho, não é mais possível resolver através da reflexão ou de provérbios elegantes, mas apenas se engajando sem reservas nessas experiências. É o caminho dos desejos e da misericórdia, no qual não progredimos quando queremos, mas somente quando ele quer e exige a disposição incondicional de deixar-se conduzir.

Se, portanto, na primeira metade se tratava de abandonar o colo materno (III = a Imperatriz) e tornar-se adulto, agora o desafio é tornar-se outra vez submisso, é entregar os símbolos masculinos de poder conquistados (IV = o Imperador) e confiar-se à direção de uma força superior. O pesquisador junguiano de mitos, Joseph Campbell, fala sobre esse processo: "Os símbolos normais dos nossos desejos e medos se invertem durante a tarde de nossa história de vida. O desafio não é mais a vida, mas a morte. Já não é difícil desistir do colo materno, mas desistir do falo".[1] Para realizar essa tarefa, no entanto, a força do eu deve ter sido suficientemente firmada, motivo pelo qual esses dois trechos do caminho não podem ser percorridos na sequência inversa. Primeiramente, é necessário um forte desenvolvimento e fixação do eu, uma pesquisa das regularidades da vida no caminho do Mago, a primeira metade do caminho, antes que possa ser percorrido o caminho da Sacerdotisa, que representa o caminho do homem místico, o caminho da graça que leva à superação do eu e também de volta à totalidade.

---

[1] Joseph Campbell. *Der Heros in tausend Gestalten*, p. 21. [*O Herói de Mil Faces*. Pensamento, São Paulo, 1988.]

O HIEROFANTE

O Hierofante
A educação do herói

Hierofante era o nome dado aos sumos sacerdotes das antigas escolas de mistérios. A palavra tem origem grega e significa "aquele que ensina as coisas sagradas" (*hieros* = sagrado, *phantes* = ensinar). Em outros baralhos de tarô, a carta chama-se simplesmente o Sumo Sacerdote ou – sobretudo em cartas mais antigas – o Papa.

As duas chaves ao pé do trono se referem a Pedro, o primeiro papa, a quem, segundo a tradição bíblica, Jesus disse: "Eu te darei as chaves do reino dos céus. Tudo o que ligares na terra, será ligado nos céus; e tudo o que desligares na terra, será desligado nos céus" (Mateus 16:19). Em virtude do poder dessas chaves, na crença popular Pedro é considerado o porteiro do céu e as duas chaves são o principal símbolo do brasão dos papas. A coroa tríplice, as três cruzes na bainha do traje e a cruz tríplice do sumo sacerdote são símbolos da sua competência sobre os três planos: corpo, alma e mente – ou também Céu, Terra e Inferno.

Em contraste com as figuras apresentadas até aqui, nesta carta surgem pela primeira vez, além da enorme figura arquetípica principal, outros seres humanos. São os noviços, que estão em pé ou de joelhos ao pé do trono para receber as instruções do Sumo Sacerdote. Nesse tema, existe um paralelo com o despertar da consciência da criança, a primeira percepção consciente de outra pesssoa, o olhar para os pais ou outros adultos que são encarados como grandes demais. É a hora em que a criança desperta aos poucos do sentimento inicial de unidade, de ligação com tudo e com cada um, começa a dizer pela primeira vez "Eu", e a reconhecer cada vez melhor a diferença, os limites entre ela mesma e os outros.

Assim, na educação do herói, o Hierofante corresponde à sua preparação para aquilo que ele terá de enfrentar mais tarde lá fora,

Quíron como mestre de Aquiles.

O arqueiro (Sagitário) como centauro

no mundo. A carta representa o período em que a consciência do herói se desenvolve, em que ele aprende a diferenciar o bem do mal. Ela representa também a confiança em Deus, que o herói necessitará durante sua jornada, e que aumenta a partir da infância.

O cerne do ensinamento, no entanto, está na mão do Sumo Sacerdote dando a bênção. Os dedos esticados representam o mundo visível, o notório, enquanto os dois dedos dobrados representam o invisível, o oculto e o transcendental. No entanto, na mística dos números, o 5, a soma dos dedos, simboliza o sentido, o essencial, como se pode reconhecer facilmente na palavra quintessência (em latim, *quint* = cinco, *essentia* = ser). Portanto, este é o teor da mensagem: somente quem dirige sua atenção para ambos, consegue compreender o essencial, o sentido real. Quem só observar o exterior, não encontrará a direção e o essencial, como tampouco os encontrará quem se voltar unicamente para o transcendental. É por isso que o herói precisa percorrer os dois mundos a fim de encontrar o essencial: o mundo exterior, consciente, que corresponde ao dia, e o mundo interior, inconsciente, que corresponde à jornada pelo mar noturno.

Os Nibelungos contam como Siegfried foi criado pelo anão Regin. Nos mitos gregos, respeita-se como grande professor e educador principalmente o sábio centauro Quíron, que transmitiu a muitos heróis – como Jasão, Asclépio, Aquiles e Hércules – a sabedoria e as habilidades necessárias para seu caminho de vida. Como centauro, ele muitas vezes é representado segundo o signo de Sagitário, o qual, por sua vez, corresponde arquetipicamente ao Sumo Sacerdote.

Palavras-chave para a carta

O HIEROFANTE

ARQUÉTIPO:	O santo
TAREFA:	Prestar atenção e respeitar o notório e o oculto, busca de sentido
OBJETIVO:	A quintessência, encontrar o sentido, a direção
RISCO:	Hipocrisia, presunção, "pretensão de ser guru"
DISPOSIÇÃO ÍNTIMA:	Ser "levado" pela confiança em Deus, experimentar coisas significativas

No *Tarô de Marselha*

No *Tarô Rider-Waite-Smith*

O Enamorado
A decisão

No Tarô Rider-Waite-Smith e em diversos baralhos mais recentes, esta carta representa o tema do amor puro. Ela mostra Adão e Eva no Paraíso, nus e inocentes antes do pecado original sob o olhar de Rafael, o arcanjo do amor, que os abençoa. Por trás dos dois, cresce a Árvore da Vida e a macieira, a Árvore do Conhecimento, ao redor da qual está enrodilhada a serpente. A montanha em segundo plano simboliza aqui, como em outras cartas do tarô, as experiências de pico, os pontos altos, os maiores momentos de felicidade. Se analisarmos o caminho do herói como uma analogia à jornada do Sol, com essa carta nos encontramos no ponto mais elevado do percurso solar, sua posição ao meio-dia, e ao mesmo tempo diante da mais feliz vivência no caminho de tornar-se consciente.

Como veremos no polo oposto da meia-noite, na carta o Diabo, há bons motivos para a reformulação dessa carta. E, no entanto, para se compreender aqui o que significa esta etapa na jornada do herói, é necessário recordar-se do motivo das cartas de tarô mais antigas: elas nos mostram um jovem de pé entre sua mãe e sua amada. Sobre ele flutua o Cupido com um arco, cuja flecha logo atingirá o rapaz. Assim estimulado, este se decidirá a abandonar a casa dos pais – sua mãe – a fim de percorrer caminhos próprios (representados pela amada). No entanto, não devemos aceitar a imagem muito literalmente, pois nesse ponto ele ainda não conquistou o coração da sua amada. Talvez a tenha visto de relance ou tenha ouvido falar dela, e deseja salvá-la, conquistá-la, libertá-la ou fazer o que tiver de fazer.

Em "A Flauta Mágica", de Mozart, este é o momento em que Tamino ouve pela primeira vez a Rainha da Noite lhe dizer que

A decisão no início do caminho de Hércules. Hércules na encruzilhada.

sua maravilhosa filha, Pamina, está nas mãos do supostamente maldoso Sarastro, do qual ele jura apaixonadamente libertá-la.

Essa decisão inequívoca, espontânea e sincera pertence certamente às maiores experiências de felicidade no caminho para tornar-se consciente. A coragem e a determinação pertinentes são o tema desta carta, mas também o pressuposto para toda jornada do herói, que não acontecerá sem a decisão de sair da casa dos pais. O motivo desta antiga carta de tarô inspirou pinturas, em que era caracteristicamente chamada "A Decisão" ou "A Encruzilhada". Cristianizado, este tema tornou-se a imagem da decisão entre virtude e vício. Assim, foi colocada, por exemplo, por Lucas Cranach no início do seu ciclo sobre Hércules.

Palavras-chave para a carta

O ENAMORADO

ARQUÉTIPO:	A encruzilhada
TAREFA:	Tomar a decisão sincera e espontaneamente
OBJETIVO:	Dedicar-se de todo coração a um caminho, pessoa ou tarefa
RISCO:	Sentimentalismo, fanatismo
DISPOSIÇÃO ÍNTIMA:	Sentir como o coração bate mais forte, decisão arrojada

O CARRO

O Carro
A partida do herói

Rápida e decididamente, o herói subiu em sua carruagem e iniciou seu caminho – sair e experimentar o mundo – no duplo sentido da palavra. Atrás de si, ele deixa a cidade da sua infância, que até então lhe dera proteção e segurança. Na mão direita, ele segura um bastão, cuja ponta dourada representa os objetivos nobres que o norteiam: a pesquisa do tesouro, a libertação da bela prisioneira, a busca pela erva da vida ou o paraíso perdido.

O herói é apresentado como o deus da primavera, que as pessoas amam e que adoravam como o libertador, porque ele traz a estação quente e fértil do ano e os livra do frio, da escuridão e da privação do inverno. Em todo o Ocidente, esse jovem e belo deus é considerado o filho da rainha do céu.[1] Seu traje é o céu estrelado, que na carta cobre o carro como um baldaquim; seu cinto é o zodíaco que ela deixou de herança para o filho. Ele porta duas máscaras da Lua como ombreiras, atributos da rainha do céu, que na maioria das vezes foi adorada como a deusa lunar. Waite chama essas máscaras de Urim e Tumim, instrumentos oraculares do Sumo Sacerdote da Israel antiga, que são mencionados em vários pontos do Antigo Testamento (Êxodo 28:30, Deuteronômio 33:8 e Esdras 2:63), embora não haja outras explicações.[2] Presumivelmente, trata-se de máscaras oraculares, sobras dos ritos do culto da Grande Deusa, da Antiguidade.

---

[1] Como exemplo, temos Attis, filho da Cibele frígia; Adônis, filho da grega Afrodite; Dumuzi, filho da Inanna sumeriana; Tammuz, filho da babilônica Ishtar; Baldur, filho da germânica Frigga.

[2] Lutero traduziu Urim e Tumim como "luz" e "direito". Traduções mais recentes ficam com os nomes hebraicos e os interpretam como instrumentos dos oráculos.

Assim como em muitos contos de fadas, o herói tem uma estrela na testa, a coroa do condutor do carro é enfeitada por uma estrela de oito pontas que, como o número 8, simboliza a união com o mais elevado, enquanto o quadrado sobre seu peito – correspondente ao número 4 – simboliza a realidade terrena. Isso também o caracteriza como o salvador que vem do céu (8) a fim de aqui na Terra (4) realizar sua grande obra. Esse tema transmitido por diferentes mitos encontra seu aperfeiçoamento maior e mais conhecido em Jesus Cristo, que como filho da Virgem celestial veio à Terra para salvar a humanidade.

O carro do herói é puxado por uma esfinge branca e outra preta, as quais carregam também a cor da outra em si. Com isso, os dois animais de tração assumem o simbolismo do Tao, o antigo símbolo chinês da totalidade.

O preto e o branco representam a dualidade com que a nossa consciência percebe a realidade. Se a realiade é de fato assim, é impossível dizer com certeza. Sabemos somente que a nossa consciência não é capaz de reconhecer ou entender nada que não tenha um polo oposto como ponto de referência. Não reconheceríamos o masculino como masculino se não houvesse o feminino; sem tensão, não haveria relaxamento; sem uma imagem do diabo, não poderíamos entender Deus como a soma de todo o bem; e tampouco existiria morte se não soubéssemos que estamos vivos. Visto sob esse ângulo, o fato de termos de morrer torna a vida repleta de sentido, porque só assim o seu sentido pode ser percebido.

O Tao: Yin/Yang

Na verdade, nascemos nessa dualidade, mas quando criança não tínhamos consciência dela. Só com o crescente desenvolvimento da personalidade esse fenômeno essencial se torna cada vez mais claro. Com efeito, a expressão "desenvolvimento da personalidade" o demonstra com acerto, porque se trata do desenvolvimento daquilo que é inerente a nós. Figurativamente, no inconsciente todas as nossas possibilidades estão "adormecidas" (ou seja, não desenvolvidas e indiferenciadas). Desenvolver-se significa tornar-se consciente das próprias possibilidades, na medida em que as tiramos de sua inconsciente dormência e as revelamos à nossa consciência polarizada, para então reconhecê-las. A cada passo no caminho do conhecimento, compreendemos melhor e de forma mais diferenciada a nossa realidade exterior e também o nosso potencial interior, e nos tornamos cada vez mais conscientes da tensão entre opostos em que vivemos.

Pois é natural que exista entre os dois polos, tal como na corrente elétrica ou entre os ímãs, um constante campo de tensão, por meio do qual eles se atraem ou se repelem. Com demasiada frequência, nós entramos em atrito com essa tensão e somos arrastados para cá e para lá, entre as duas possibilidades que esse dois polos nos oferecem. Nesse conflito, tomamos partido e nos esforçamos por obter clareza, à medida que avaliamos um polo como bom e certo e o outro como mau e errado, valorizando e desejando um, temendo e recusando o outro. Quanto mais nos aprofundamos, com tanto mais frequência temos de reconhecer que na verdade não fazemos justiça à realidade, porque esta é muito complexa para se deixar reduzir a uma forma tão óbvia.

Sempre que temos certeza de ter descoberto uma verdade inequívoca, podemos ter certeza também de que não se trata da Verdade. E não é só isso. A crença de ser dono de uma verdade absoluta leva o ser humano ao perigo de mais cedo ou mais tarde se tornar um tirano que quer convencer os outros, a todo custo, inclusive por meios opressivos, a ter a sua visão do mundo, supostamente a única correta. É possível reconhecer isso no afã missionário de sectários – sobretudo nos recém-convertidos – que, infelizmente, é encontrado com demasiada frequência nos círculos esotéricos, grassando na história das igrejas e também no cenário político, onde muitos amigos da humanidade, que queriam melhorar o mundo, se tornaram déspotas e assassinos. Porém, em última análise, clareza significa unilateralidade, sendo assim o polo oposto da unidade, que sempre abrange ambos os polos contrários, de onde se lê no Tao-te- King:

> *O Tao que pode ser pronunciado,*
> *não é o Tao eterno.*
> *O nome que pode ser proferido,*
> *não é o Nome eterno.*[3]

Saber que a nossa realidade nunca é a realidade absoluta, é a base para a verdadeira tolerância, mas também antes de tudo a possibilidade de, participando da realidade dos outros, ultrapassar os limites do entendimento atual, chegando com isso a uma compreensão mais profunda.[4] Talvez seja útil saber que nem mesmo as cores, que acreditamos captar com tanta certeza, são reais. "Lá fora" não existem cores, apenas vibrações eletromagnéticas que só se transformam em cores por intermédio do olho e do cérebro da pessoa que as contempla. Assim sendo, elas são a vivência mais subjetiva que pessoas diferentes sentem de forma diferente como sua realidade.

Não é a clareza, porém a união dos opostos a verdadeira tarefa no caminho do desenvolvimento, cujo objetivo é encontrar a totalidade nos âmbitos mais elevados da Unidade abrangente. Mas isso não muda em nada o fato de termos de lidar e devermos lidar durante vários trechos do caminho com a oposição: na busca do conhecimento, aprendemos a diferenciar cada vez melhor e a formar cada vez com maior precisão pares de opostos, entre aqueles que na maioria das vezes diferenciamos por meio de uma avaliação. Disso resulta para nós um mundo cada vez mais sadio com tudo o que mais apreciamos, amamos e consideramos digno de esforço obter, e outro mundo cheio de desgraças que, em nossa opinião, nem deveria existir. Por mais arrogante que essa postura possa parecer – ela subentende que algo deu errado na Criação e que temos de nos adaptar a esse julgamento; apesar de nosso entendimento visivelmente limitado –, ela é indispensável para o necessário e inevitável desenvolvimento de nossa

---

[3] *Tao-te-King,* verso 1.

[4] Exatamente esse é o tema da bela história "O Rei e o Cadáver", que Heinrich Zimmer reproduz no seu livro *Abenteuer und Fahrten der Seele* [Aventuras e Viagens da Alma].

consciência do Ego. Sem limites claros, um Ego forte não pode se desenvolver. Sem experimentar constantes novas distinções, a consciência continua indiferenciada. Somente quando o mundo dos opostos é penetrado em suficiente profundidade, podemos e devemos nos exercitar na arte da unificação. Primeiro, precisamos estabelecer limites para adequadamente diferenciarmos o que é próprio de todas as coisas que não somos,[5] para que um Ego fortalecido possa começar a superar esses limites.

O Carro, portanto, significa que o paraíso da infância, a unidade vivida (inconscientemente), com a sincera decisão da etapa precedente (o Enamorado), já passou. O herói ou heroína pisou no mundo polarizado, no qual sua consciência se desenvolverá, o que lhe permitirá despertar. A essa altura, ele sempre terá de prestar atenção para não ser dilacerado entre as possibilidades — os dois animais diferentes de tração —, porém, com muita habilidade, dominar as contradições e, assim, juntar as forças contrárias unindo-as em um grande salto para a frente. O herói/heroína ainda está no início do aprendizado, ainda não tem prática, deve ser bem aconselhado para não superestimar suas capacidades.

Sol, imagem do tarô do mestre Ferrarese.

---

[5] Em um âmbito muito elementar isso significa: com toda a naturalidade poder dizer "não" quando queremos dizer "não".

Mandala. Um mapa para a jornada da vida.

Em pouco tempo, pode acontecer com ele o que aconteceu com o aprendiz de feiticeiro.

Na lenda do Graal, esta etapa corresponde ao momento em que Percival veste a armadura do Cavaleiro Vermelho, oponente que ele dominou e, com isso – ao menos exteriormente –, transforma-se de criança em homem. Ele já se parece com um cavaleiro, a imagem simbólica do ser mais elevado, amadurecido. Na verdade, ele traz sob a armadura, como sempre, seu traje remendado e simples. Para fazer justiça à aparência exterior, ele terá de crescer interiormente.

Outros mitos, ao contrário, descrevem os perigos dessa etapa, ao contarem sobre filhos de deuses que caem no abismo, talvez como Ícaro ou Feto, e fracassam porque valorizam demais as forças que ainda não exercitaram.

Como orientação, ajudam o cavaleiro nesta jornada aqueles mapas anímicos que conhecemos dos quadros de meditação atuais, sobretudo as mandalas do Budismo tibetano.[6] Uma estrutura básica típica dessas figuras compõe-se de um círculo interior, que envolve um símbolo de perfeição, talvez um Buda, um *Bodisattva*, uma imagem de Krishna, uma figura abstrata ou, nas formas ocidentais – como nas mandalas de Hildegard von Bingen –, um símbolo de Cristo. Esse círculo interior é cercado por uma cruz ou um quadrado, que por sua vez é limitado por um círculo exterior.

No simbolismo, o círculo representa o todo indiviso, o original ou, expresso literalmente, o Paraíso. A cruz ou o quadrado, no entanto, correspondem – tal como o correspondente número 4 – ao hemisfério terreno, o mundo feito de espaço e tempo. Contemplada assim, a mandala nos mostra dois paraísos com seus círculos interior e exterior, entre os quais fica a cruz do espaço e do tempo. Esses três âmbitos podem ser exemplificados nos mais diferentes âmbitos de correspondência. Na linguagem dos contos de fadas, o círculo interior é o paraíso original, que frequentemente corresponde ao mundo da infância e, via de regra, é perdido logo no início da história, quando por exemplo, a bola dourada – o símbolo original da totalidade – cai no poço.

---

[6] Ver Lutz Müller. *Magie* [Magia], p. 87.

A cruz representa o mundo que percorremos em busca do Paraíso Perdido, ao passo que o círculo exterior simboliza o objetivo, um paraíso que corresponde ao da infância e que, contudo, é diferente. Os círculos exterior e interior são parecidos e têm o mesmo ponto central, sem no entanto, serem os mesmos. O círculo interior é o paraíso da ignorância; o exterior é o paraíso muito mais abrangente da onisciência. Entre eles está o conhecimento da consciência limitada pelo espaço e pelo tempo. Em linguagem psicológica, o círculo interior simboliza a mente inconsciente, a cruz a mente consciente, e o círculo exterior o supraconsciente, ou, nos conceitos de C. G. Jung, o inconsciente, o Ego e o Self (ou Si-mesmo). O Budismo chama esses três âmbitos de unidade, separação (multiplicidade) e totalidade. Os estados com eles associados são: destituído de Ego, consciente do Ego e livre do Ego, ou ignorante, consciente e sábio.

Por trás da lenda do Graal está o pecado original, a eliminação da Árvore do Conhecimento, que, na crença popular, é uma macieira. Para encontrar a salvação, os cavaleiros se punham em missão, em busca do Graal, o qual, dizia-se, seria encontrado no Castelo do Santo Graal, que, segundo a tradição, deveria ser procurado na ilha de Avalon, a ilha das macieiras em flor. Em todos esses casos, vemos como a origem e o objetivo se parecem e, contudo, não são a mesma coisa, porque o círculo exterior ancorado no mesmo centro simboliza uma etapa superior de desenvolvimento. Visto dessa maneira, o caminho correto de vida não leva a um retrocesso, a um mergulho no inconsciente, porém a uma ruptura para o mais elevado, para a supraconsciência.

Outra imagem que torna compreensível esse estado de consciência diz: enquanto vivemos no círculo interior, acreditamos no filho de Deus. Enquanto atravessamos o mundo do espaço e do tempo, perdemos essa crença. Porém, quem alcançar o círculo exterior, quem conseguir penetrar no supraconsciente, esse acreditará outra vez no filho de Deus, podendo perceber-se que para ele essa imagem se tornou um símbolo de totalidade, que se revela em seu significado mais profundo e mais abrangente.

Assim como, desde que comeu do fruto da Árvore do Conhecimento do Bem e do Mal, a humanidade sabe diferenciar

As três fases do caminho em diferentes âmbitos

Âmbito Correspondente	Origem	Caminho	Objetivo
Simbolismo	Círculo	Cruz	Círculo
Conto de fadas	Paraíso Perdido	Mundo	Reencontro do Paraíso
Psicologia	Subconsciente	Consciente	Supraconsciente
Psicologia junguiana	Inconsciente	Ego	Self (Si-mesmo)
Desenvolvimento da personalidade	Ingênuo	Desenvolvido	Unificado
Consciência	Pré-pessoal	Pessoal	Transpessoal
Estado do Ego	Sem ego	Egocêntrico	Livre do Ego
Conhecimento	Ignorante	Conhecedor	Sábio
Compreensão da realidade	Indiferenciada	Polarizada	Paradoxal
Budismo	Unidade	Multiplicidade	Totalidade
Lenda do Graal	Macieira/Paraíso	Busca	Avalon, ilha das macieiras

o bem do mal, a conscientização também desperta em cada um de nós o conhecimento que nos permite saber o que é bom e o que é mau. E, com isso, como nos relata a Bíblia, perdemos o paraíso da unidade total, da falta de diferenciação em que não são possíveis avaliações e não existe a tensão dos opostos que estimula os seres humanos a agir. Diz-se que desde então vivemos em pecado. Essa palavra também é interpretada como "separação", o que corresponde ao abandono do círculo interior, à perda do centro. Como cada pessoa que se torna consciente de si mesma simbolicamente comeu da Árvore do Conhecimento, todos nós nos separamos do centro: uma inevitável herança humana, que a Igreja chama de "pecado original".

Nos Arcanos Maiores, esse tema aparece pela primeira vez na carta o Hierofante (o Sumo Sacerdote), que corresponde ao primeiro despertar da consciência, que sempre é um reconhecimento de nossa natureza "pecaminosa", na medida em que cada criança, surpresa e em parte assustada, percebe que ela não "está em ordem", que tem seus lados bons, mas também aqueles que são desprezados e recusados como sujos e maus. Essa primeira tensão de opostos entre bem e mal, entre permitido e proibido, mostra que o tempo no Paraíso terminou. Com a 7ª carta, o Carro, ele é definitivamente abandonado e começa a demorada busca pela unidade perdida.

O conhecimento das três fases do caminho de vida é encontrado de igual modo nas mais diferentes culturas, nas mais diferentes ideologias e linhas de pensamento. Como o trecho do meio sempre representa o desenvolvimento do Ego, devemos nos acautelar contra uma prematura e confusa desqualificação do ego. Não se trata de evitar seu desenvolvimento, como muitos "pseudogurus" querem nos fazer acreditar, e sim, exatamente o contrário. Antes de tudo é extremamente importante desenvolver um ego forte, para que o caminho pelo mundo exterior (consciente) possa ser percorrido. De fato, nessa fase de separação – o pecado original herdado – vivemos perdidos no mundo, distanciados de Deus ou como seja chamado esse trecho do caminho. No entanto, não se trata de evitar o caminho, de voltar e tornar--se inconsciente outra vez, porém de dominá-lo com firmeza.

Posteriormente, a tarefa será a de superar o Ego e tornar-se novamente humilde e modesto. É natural que essa sequência de passos de desenvolvimento seja significativamente mais difícil do que a recusa medrosa a qualquer desenvolvimento do ego e da permanência em um plano infantil de consciência.

O significado dessa fase fica mais claro na imagem de um *iceberg*, do qual sabemos que se vê apenas uma sétima parte, enquanto o restante está debaixo d'água. Se imaginarmos que de início o *iceberg* está totalmente imerso, essa imagem corresponderia ao estado de total inconsciência do início da vida. À medida que a ponta do *iceberg* sobe lentamente, ela representa o maravilhoso despertar da consciência do eu. Essa é a época em que a criança se reconhece pela primeira vez no espelho, em que diz "eu" pela primeira vez a si mesma, em que pela primeira vez estabelece um limite e sente que é bem diferente, um ser distinto das demais pessoas.

Esse momento em que a consciência desperta, em que uma parte do todo se torna consciente de si mesma, é algo grandioso. Resumindo, a cada despertar matinal, revivemos esse momento. É fácil compreender por que a humanidade viu essa força reconhecedora como parte do logos divino. Em nossa analogia, essa parte que se tornou consciente de si mesma corresponde à ponta do *iceberg*. Se transmitíssemos à ponta do *iceberg* apenas uma tarefa, ela por certo consistiria em reconhecer as próprias possibilidades e o ambiente circundante e em cuidar da orientação. Mas seria absurdo e impróprio a ponta do *iceberg* presumir que o rumo da jornada dependeria apenas dela, pois para isso estão disponíveis inapelavelmente os seis sétimos inferiores e as correntes que envolvem o *iceberg*. E seria totalmente grotesco se a ponta simplesmente negasse a existência das seis outras partes e afirmasse que não há nada debaixo da água.

Essa última situação corresponde mais ou menos à situação do espírito ocidental no início do século XX. Naquela ocasião, Sigmund Freud se depara com desacordos de pontos de vista e com forte resistência em seus esforços de tornar o inconsciente "sociável". Ele foi ridicularizado porque as pessoas tinham certeza de que não poderia haver uma tal desordem. De lá para cá,

A infância do herói – O estado simbiótico.

A partida e o despertar – O amadurecimento e o desenvolvimento da personalidade.

O processo de iniciação – A abertura transpessoal.

O objetivo, a libertação e a totalidade – A consciência da unidade total.

essa posição se modificou consideravelmente. Hoje, círculos mais amplos partem do modelo muito mais abrangente de C. G. Jung, de que o inconsciente não mais se reduz a um depósito de coisas reprimidas e indecentes, mas reconhecem no inconsciente todas as forças que orientam e conduzem o ser humano a existir na mente inconsciente. Voltando à imagem do *iceberg*, fica claro que se trata, de início, de formar uma forte consciência do eu (ponta do *iceberg*), mas que então é preciso aprender a não se dar tanta importância, porém a se considerar uma parte menor do todo, na verdade uma parte consciente. O todo, os sete sétimos do *iceberg*, correspondem na psicologia de Jung ao Self, cuja parte consciente é o eu (ou Ego). A força condutora, que determina a direção é o Self, ao passo que o Ego é competente para a orientação, o conhecimento e a compreensão. Visto dessa maneira, Freud e Jung se completam de modo primoroso. Enquanto Freud, com sua famosa frase "onde o ID existiu, o Ego deve existir" acentua o caminho do círculo interior (o inconsciente) para o quadrado (o Ego), o processo de individuação descrito por C. G. Jung está sob o lema "onde o Ego existiu, deve existir o Si-mesmo" a fim de equiparar o caminho do quadrado ao do círculo exterior.

Dentro desse contexto fica visível também uma tradição judeu-cristã, em que Lúcifer, ou seja, o Portador da Luz, antes era o anjo predileto de Deus, segundo fontes gnósticas também Seu primeiro filho. A luz, que ele trouxe para os seres humanos, é a luz do conhecimento. Mas para o Deus da Criação deve ter sido uma grande alegria ver como suas criaturas se abriram à luz e se tornaram conscientes de si mesmas. No entanto, depois, diz a tradição, Lúcifer quis ser maior do que tudo o mais e do que todos os outros, e isso o levou à sua queda do céu. Desde então, ele se congelou no mar de gelo do mundo subterrâneo e vela ali como imperador sombrio sobre as almas que caem em suas mãos (veja p. 194). De fato, nossa consciência é uma força divina de conhecimento, porém, quando ultrapassa seus limites e se torna exagerada ou com mania de grandeza, a força original abençoada se transforma em princípio gelado, diabólico e possuído pelo poder.

Os três passos de desenvolvimento da jornada de vida descritos antes se mostram oportunamente no tarô no conjunto de seis cartas que assim se apresentam: As cartas 1 a 6 nos mostram a infância do herói ou heroína, a fase inconsciente, simbiótica; as cartas 7 a 12 sua partida, a época em que ele cresce e desenvolve um Ego, descobrindo a sua individualidade; as cartas 13 a 18 o caminho de iniciação propriamente dito, a abertura transpessoal, que leva à totalidade, à supraconsciência, à unidade abrangente, ao objetivo da jornada, que se mostra nas cartas de 19 a 21.

Se contemplarmos a jornada do herói como uma alegoria para o caminho de vida dos seres humanos, é possível dividi-la em uma "seção obrigatória" e uma "seção voluntária". A carta 13, a Morte, estabelece os limites. Até essa etapa todos nós chegamos. Mas se vivemos a morte como o fim ou como tema central, como uma etapa essencial de transição na metade da nossa vida, por trás da qual a verdadeira iniciação, a fase transpessoal e o desenvolvimento do Self nos aguardam, isso depende de nós e do que fazemos com nossa vida. Essa estrutura das cartas também diz que temos primeiro de percorrer a seção obrigatória, antes de estarmos suficientemente maduros para nos dedicarmos à prática da seção voluntária.

Mesmo se parecer atraente lidar logo com as coisas superiores e simplesmente deixar passar despercebido o que é "apenas" material, a mensagem do tarô é inequívoca e clara: antes de nos dedicarmos ao âmbito transcendental, temos de aprender a dominar a realidade em nossa vida cotidiana. Antes de superarmos o Ego, a fim de chegarmos ao Self, primeiro temos de ter desenvolvido um Ego suficientemente forte para encontrar sua sombra nesse caminho, sem ser engolido por ela.

Palavras-chave para a carta
O CARRO

ARQUÉTIPO:	A partida
TAREFA:	Dominar contradições, ousar fazer o novo
OBJETIVO:	Experimentar o mundo, penetrar no desconhecido, realizar coisas grandes, dar o grande pulo para a frente
RISCO:	Arrogância, cólera, descontrole
DISPOSIÇÃO ÍNTIMA:	Otimismo, sede de atividade, vivacidade, conscientização, despertar

No *Tarô de Marselha* 　　　　　　　　No *Tarô Rider-Waite-Smith*

A Justiça
O amadurecimento

A carta da JUSTIÇA é tradicionalmente a oitava carta dos Arcanos Maiores, no entanto Waite a colocou como a décima primeira carta em seu tarô. Como essa carta representa as primeiras experiências feitas pelo ser humano ao sair da casa dos pais para o mundo, ela deve ser colocada em seu oitavo lugar original na jornada do herói.

Se considerarmos as cartas como marcos da nossa jornada arquetípica pela vida, estamos no ponto de sermos considerados plenamente responsáveis por nós mesmos, o que é uma afirmação essencial da carta da Justiça. Se em casa valiam os costumes da família, agora temos de aprender as leis do mundo. Se até aqui cuidavam de nós, agora teremos vida boa ou má conforme cuidamos de nós mesmos. Estes são os temas da carta da Justiça, incluindo a lição de que colhemos o que semeamos; sempre alcançamos o que merecemos.

Ela nos mostra a Justiça na figura da deusa Diké, que com sua coroa de muros é apresentada como a protetora da cidade e da ordem da civilização. Em sua mão direita, ela segura a espada, que está levantada para julgar e executar. O lado direito do trono, bem como o seu pé direito são claramente visíveis, e, naturalmente, o direito e a justiça se relacionam com o lado direito, considerado o lado racional, consciente. Todos esses símbolos corroboram a ideia de uma decisão bem considerada, de um julgamento racional construído pelo exame crítico e com base em um amplo espectro de dados objetivos. Como mostra a balança na mão esquerda, a intuição e o senso de justiça não são deixados de lado. Contudo, a ênfase recai sobre o lado direito, o lado racional. Assim sendo, a carta da Justiça apresenta o julgamento inteligente e consciente e forma com isso o polo oposto da carta do Enamorado, que representa uma decisão espontânea do coração. Entre essas duas cartas está a carta do Carro, que mostra a entrada na fase consciente, o passo que torna possível um julgamento bem considerado, responsável. Se colocarmos as cartas lado a lado, essa transição também se mostra no fato de a esfinge negra – como símbolo do inconsciente – estar ao lado do Enamorado, ao passo que a esfinge branca (consciente) estabelece a ligação com a Justiça.

Nessa comparação, não há sistema de valor ou interpretação que dê preferência a uma ou outra carta. Há situações na vida que podem ser mais bem decididas a partir do coração e outras que devem ser bem analisadas com a ajuda da razão crítica. Neste caso, trata-se muito mais do fato de que o amadurecimento da consciência amplia a capacidade de decisão, à medida que desperta a força mental cujo potencial de julgamento muitas vezes é simbolizado por uma espada. Os mitos descrevem isso como o momento em que o jovem herói recebe a sua poderosa espada. Siegfried, que forja novamente a espada quebrada do pai; Arthur, que foi o único que conseguiu retirar a espada Excalibur do rochedo; ou Parsifal, que recebe sua

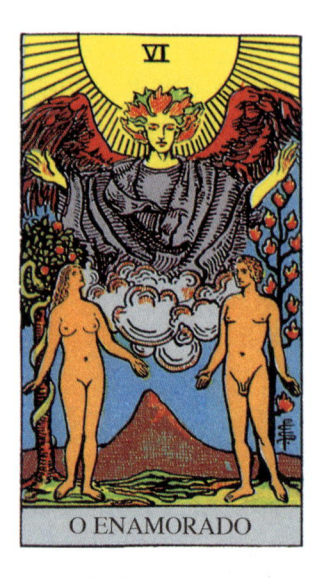

O ENAMORADO	O CARRO	A JUSTIÇA
A decisão espontânea do coração.	Tornar-se consciente	O julgamento consciente, deliberado.

A JUSTIÇA 93

Parsifal vence Íter com uma flecha.

espada durante a primeira visita (ainda inconsciente) ao Castelo do Santo Graal.

Ao partir, o herói só possuía um bastão, sendo a lança ou a clava um símbolo de coragem e força de vontade. Trata-se de armas naturais como aquelas com que os dois famosos jovens realizaram sua primeira façanha destemida: Davi matou Golias com sua funda, e Parsifal venceu Íter, o Cavaleiro Vermelho, arremessando uma flecha contra ele. Mas agora é preciso domar a arrogância, controlar a vontade e forjar a impetuosa, colérica sede de atividade desenvolvendo uma compreensão fria, sem a qual as tarefas vindouras não poderão ser concretizadas. Para que uma pessoa arrebatada se transforme em um cavaleiro, ela tem de aprender a avaliar cuidadosa e bem ponderadamente as consequências de suas ações.

Como a espada, essa força mental só é encontrada em estado bruto e precisa ser forjada, modelada e afiada durante um longo tempo antes que o herói saiba lidar com ela, cultivando essa arte até chegar à mestria e conseguir ser investido como cavaleiro. Logo se verá se ele vai se tornar um protetor dos pobres e injustiçados, como Robin Hood, um guerreiro espiritual como os Cavaleiros do Santo Graal ou um terrível e impiedoso cavaleiro salteador.

Tal como toda espada, também a argúcia tem dois gumes. Sem dúvida a razão, a força do conhecimento e a inteligência são muito valiosas, enriquecedoras e indispensáveis no longo caminho, no entanto, a razão pode estimular a perfídia, a baixeza e a falsidade ou tornar a pessoa uma traidora mentirosa, inescrupulosa, fria ou interesseira. Com a mesma facilidade, pode-se abusar do discernimento personificado por essa carta para gerar preconceitos e, além disso, para condenar os outros.

Elias Canetti descreve esse defeito como um adoecimento do julgamento, que está tão disseminado entre as pessoas que praticamente todos são afetados por ele:

> "É o poder do Juiz que autoriza as pessoas a agirem dessa maneira. O juiz apenas aparentemente se posiciona entre os dois lados, na fronteira que separa o bom do mau. Em todo caso, ele se considera pertencente ao lado bom; a legitimação do seu cargo depende em grande parte de que ele pertença inabalavelmente ao reino do bem, como se tivesse nascido nele. Por assim dizer, ele está sempre julgando. Seu julgamento é obrigatório. Ele tem de julgar determinadas coisas; seu grande conhecimento sobre o bem e o mal provém de uma longa experiência. Mas também aqueles que não são juízes, aqueles aos quais ninguém pediu para julgar, e aos quais ninguém em sã consciência pediria que o fizesse, proferem julgamentos incessantes em todos os âmbitos. Não se exige nenhum conhecimento de causa: aqueles que se abstêm de julgamentos porque se envergonham deles podem ser contados nos dedos."[1]

Outro significado da carta da JUSTIÇA resulta do conhecido fato de que só se pode atribuir responsabilidade ou apresentar em juízo, ou seja, culpabilizar a pessoa maior de idade. Uma criança está livre de culpa. Ninguém pode levá-la a juízo. Por outro lado, os jovens – mas, acima de tudo – os adultos, são pessoalmente responsáveis por toda a extensão das suas ações; e é isso o que

---

[1] Elias Canetti. *Masse und Macht* [A Massa e o Poder], p. 332.

diz essa carta. Ela apresenta um lado especialmente valioso do ego amadurecido: a disposição de assumir a responsabilidade por si e pelos outros. A pessoa que tenta evitar esse passo de desenvolvimento e foge constantemente às dificuldades que ele acarreta permanece imaturo e – independentemente da sua idade – continua uma criança, melhor dizendo, infantil. É fácil reconhecê-lo pelo fato de nunca ser responsável por nada, de não admitir uma perda e, sobretudo, por achar que nunca tem culpa de nada. Em vez disso, ele desenvolve uma política perfeita, embora absurda, de culpar os outros, que acaba sempre surpreendendo os espectadores, pois nas situações mais incríveis consegue se eximir de toda responsabilidade atribuindo-a aos outros. Como se trata de uma consciência não amadurecida, infantil, não é de estranhar ver essa pessoa ocasionalmente vivendo o polo oposto: lamentações e queixas por não valer nada e por ser culpado de tudo.

Um ego maduro, ao contrário, entende que tem de assumir a responsabilidade quando esta lhe é devida, e como se posicionar clara e inequivocamente quando lhe querem atribuir algo sem razão. Ele aceita reconhecer os próprios erros sem deixar de se garantir. Enquanto um ego imaturo ou fraco sempre olha os outros com inveja, buscando inescrupulosamente tirar vantagem unilateral sem resistir à exigência infantil do "Eu também quero!", um ego maduro consegue desenvolver a magnanimidade, mostrando-se generoso e desejando sinceramente e do fundo da alma o bem dos outros. Comportar-se com justiça em situações difíceis, ser consistente, estabelecer limites claros bem como se implicar nos acordos, porém sabendo decidida e claramente dizer um "não", são outros frutos valiosos apresentados pelo amadurecimento do ego; e é exatamente essa a tarefa neste trecho do caminho da jornada do herói e da heroína. Mas isso exige um discernimento claro. Onde, senão aqui, ocorreria esse estágio de desenvolvimento? A primeira metade da jornada, o caminho ativo, o caminho do tornar-se consciente praticamente já ficou para trás. É por isso que se deve dar preferência à antiga sequência dos números das cartas (a Justiça = VIII) em vez da nova numeração de Waite (a Justiça = XI).

O Imperador (IV) e sua "duplicação" A Justiça (VIII) representam a direita arquetípica que domina nas estruturas patriarcais.

A Imperatriz (III) e sua "duplicação" O Enamorado (VI) representam a esquerda arquetípica que domina nas estruturas matriarcais.

Em baralhos mais antigos, como por exemplo no Tarô de Marselha, existe outro inter-relacionamento entre o Imperador, que governa com seu lado direito (racional), criando ordem e estabelecendo limites, e a Justiça, que administra a justiça e vela pelos limites da ordem. O Imperador tem o número 4, cuja duplicação resulta em 8, o número da carta da Justiça. No tarô, a mesma correspondência é encontrada entre a carta 3, a Imperatriz, que rege com seu lado esquerdo e que, com a duplicação do número 3, leva à carta do Enamorado, que por sua vez define a decisão do coração que, como todos sabem, bate do lado esquerdo. Por trás desse fato, esconde-se uma analogia interessante.

Na época e nas estruturas matriarcais, valiam tal como em nossa infância – cunhada pela mãe – a tradição e o julgamento do coração, cujo lado sombrio revela a violência da coerção coletiva e dos costumes, na vingança de morte e nos julgamentos carregados de emoções (linchamentos). Na época e nas estruturas patriarcais, dominam, tal como na adolescência, o direito básico e o julgamento sensato, refletido, cujo lado sombrio está no uso destituído de razão das regras, na justiça em causa própria, na dureza impiedosa e no autoritarismo brutal.

O "lado esquerdo" arquetípico pode ser distinguido no senso de comunidade e posse coletiva das estruturas matriarcais. Por outro lado, o "lado direito" arquetípico caracterizou de maneira patriarcal as estruturas que promovem o desenvolvimento do ego, estabelecem limites duradouros e formam o conceito de patrimônio pessoal.

Palavras-chave para a carta

A JUSTIÇA

ARQUÉTIPO:	Inteligência
TAREFA:	Compreender as leis deste mundo, fazer um julgamento sensato, inteligente e equilibrado, coragem
OBJETIVO:	Responsabilidade pessoal, objetividade, honestidade e equilíbrio, percepções inteligentes
RISCO:	Justiça em causa própria, autoritarismo, preconceito, juízos presunçosos, astúcia
DISPOSIÇÃO ÍNTIMA:	Colher o que plantou, agir e ser tratado com justiça, tomar decisões inteligentes

IX

O EREMITA

O Eremita
O nome verdadeiro

A Jornada do Sol pelo céu diurno termina com o final dos números de um só algarismo. Com o tema do Eremita, que está em pé no alto de uma montanha coberta de neve, a carta representa que aqui se trata da colheita da jornada diurna, o conhecimento maior que podemos alcançar no caminho do tornar-se consciente. Os mitos e os contos de fadas mencionam esta etapa como uma fase de recolhimento e reflexão ou contam o encontro com um velho sábio, que vive sempre isolado em algum lugar. Ele entrega ao herói os instrumentos mágicos; com ele, o herói aprende as fórmulas mágicas que o protegem durante a jornada ou de que ele – como o "abre-te Sésamo" – precisará no final para realizar a grande obra. Mas antes de tudo, aqui ele aprende seu nome verdadeiro.

Esse conhecimento do nome verdadeiro significa que o herói – e com isso, cada um que percorre o caminho do tornar-se consciente – reconhece neste ponto quem ele verdadeiramente é. Sente-se livre de tudo o que os pais, os educadores, os parentes ou amigos lhe disseram que ele era até então. Esse conhecimento da verdadeira identidade é o fruto colhido no caminho do tornar-se consciente que só pode ser encontrado no silêncio e na solidão. Só assim podemos sentir quem realmente somos. Naturalmente, o velho sábio – bem como as outras figuras ou etapas arquetípicas – não é um fenômeno exterior. Mesmo quando temos a impressão de que esse conhecimento nos foi transmitido por outras pessoas, trata-se ainda de uma força arquetípica que atua em nós e que, na melhor das hipóteses, se serve de uma outra pessoa a fim de manifestar-se. Portanto, seria inútil procurar literalmente um velho sábio para ter a experiência que o Eremita nos oferece, por mais interessante que esse encontro possa ser. É muito mais importante ouvir e seguir o chamado interior que, neste caso, é sempre um chamado em meio ao silêncio e ao isolamento. Só então o velho sábio nos entrega seu conhecimento. Só assim podemos descobrir quem realmente somos.

No entanto, um problema crescente da nossa época está na eliminação generalizada do silêncio que ultimamente é tão disseminado, que se torna cada vez mais difícil encontrar um lugar tranquilo onde possamos ouvir a voz do Eremita. É por isso que um número cada vez maior de pessoas deixa de descobrir seu nome verdadeiro e desconhece quem realmente são. Em vez disso, muitos tentam obstinadamente imitar e representar o que não são, o que consideram elegante, na moda ou "in". Embora cada ser humano nasça como um original, cada vez mais pessoas morrem como uma cópia. Segundo C. G. Jung, nosso talento inato para imitar outras pessoas é "uma faculdade muito valiosa para os propósitos coletivos, mas extremamente nociva para a individuação."[1]

Na história de Parsifal, é sua prima Sigune que o ajuda a tornar-se consciente. Até então ele sempre respondia, quando lhe perguntavam quem era: o belo filho, o filho amado ou o belo senhor, como a mãe sempre o chamara. Mas ele se torna consciente do seu nome verdadeiro e de muitas outras coisas, de que estivera totalmente inconsciente no caminho percorrido até então. Ao mesmo tempo, reconhece também a sua culpa. A culpa de ter estado totalmente inconsciente no castelo do Santo Graal e de ali, por ingênua ignorância, ter deixado de fazer a pergunta salvadora. Por isso sua prima também chama Parsifal de "O Infeliz".

Desde os primórdios do tempo, tornar-se consciente anda de mãos dadas com a consciência da culpa. Não podemos viver sem nos tornarmos culpados. O lugar que assumimos não pode ser ocupado simultaneamente por nenhuma outra pessoa. Não podemos nos alimentar sem matar (mesmo que se trate unicamente de plantas) ou sem roubar de outras criaturas o que lhes pertence, como talvez leite e mel. "Do ponto de vista do inconsciente", escreve Emma Jung: "tornar-se consciente claramente se apresenta

---

[1] C. G. Jung. *Zwei Schriften über Analytische Psychologie (Band 7) – Die Beziehungen zwischen dem Ich und dem unbewussten (2. Schrift).* [*O Eu e o Inconsciente*. Obras Completas, vol. 7/2 § 242.]

O EREMITA **101**

Parsifal junto do Eremita Trevicent.

como culpa, uma ofensa genuinamente trágica, na medida em que só através dela o ser humano pode se transformar no que deve ser".[2] Mas se a culpa de comer da Árvore do Conhecimento coube aos pais primitivos, a nossa culpa desde aquele tempo consiste na falta de conhecimento, principalmente na falta de autoconhecimento. Pois, depois que a humanidade, assim como o herói, perdeu para sempre o paraíso da inconsciência inocente, trata-se – na metade do caminho – de superar o estado crepuscular

---

[2] Emma Jung e Marie-Louise von Franz. *Die Graalslegende in psychologischer Sicht*, p. 211. [*A Lenda do Graal*. Cultrix, São Paulo, 1990 (fora de catálogo).]

da semiconsciência e de chegar à clareza do despertar como pressuposto da ruptura para a supraconsciência, que está reservada ao último terço do caminho.

Na Lenda do Graal, uma outra personificação desse arquétipo é Trevicent, tio de Parsifal, que vive recolhido em um eremitério. Em sua longa busca, na busca pelo Graal, enquanto Parsifal não encontra o seu verdadeiro caminho, ele sempre retorna a esse lugar. Esse eremita não só conta a Parsifal coisas decisivas sobre ele mesmo, como lhe entrega a "fórmula mágica". O homem santo lhe sussurra ao ouvido uma oração que só deve ser pronunciada nos momentos de maior perigo.

Quando o herói descobre seu nome verdadeiro (assim como nós também), ele não deve esquecê-lo e nunca deve renegá-lo. Em outras palavras, assim que descobrimos quem realmente somos, a exigência associada a esse conhecimento é de continuarmos fiéis a nós mesmos e nunca mais nos trairmos; caso contrário, teremos – como Parsifal – de voltar a esse lugar a fim de nos reencontrarmos outra vez. A carta do tarô mostra essa blindagem por meio do capuz com o qual o Eremita se protege das influências exteriores. Sua lanterna é interpretada por Waite como símbolo da mensagem: "Você também pode chegar aonde eu estou".[3] Com isso, ele torna claro que esse encontro e essa experiência não são uma experiência exótica, reservada a uns poucos escolhidos, porém um degrau de consciência que está disponível a todo ser humano que se retira para o silêncio.

A fórmula mágica ou os instrumentos de magia, que o velho dá ao herói para levar em sua jornada, são um presente que não aparece somente nos contos de fada. Trata-se de algo que o ser humano recebe inesperadamente. Por exemplo, pode ser uma melodia, uma imagem ou uma frase, uma pedra, uma pena ou simplesmente uma palavra, uma sílaba, um símbolo. Pode-se reconhecê-lo pelo fato de "ocorrer" ocasionalmente ao ser humano, comovendo-o profundamente no primeiro momento, e pode-se reconhecer esse "presente" pela força mágica que ele

---

[3] Arthur Edward Waite. *Der Bilderschlüssel zum Tarot*, p. 67. [*A Chave Ilustrada do Tarot*].

Hermes Trismegisto, o lendário mestre de sabedoria e autor das leis herméticas.

irradia. Para as mentes mais racionais, essas coisas podem parecer extraordinárias. Mas elas podem ser sentidas. Quem receber um presente como esse, deve guardá-lo cuidadosamente, até precisar usá-lo em uma situação difícil, talvez em um momento de medo. Se a pessoa se lembrar dessa frase, imagem ou melodia, se tocar naquela pedra ou pena, ela sentirá que logo uma grande força vem em seu auxílio. Mas não devemos nos esquecer do que os mitos e contos de fada nos revelam sobre o modo de lidar com a fórmula mágica: não pode ser comprada em lugar nenhum, tampouco pode ser simplesmente imaginada; ela

O deus germânico da sabedoria, Odin, acompanhado pelos seus corvos Hugin e Munin.

precisa nos ser entregue ou cair do céu, e somente podemos usá-la em momentos de grande necessidade; não é possível falar sobre ela e, naturalmente, ela nunca deve ser esquecida.

Como devemos entender isso? O inconsciente possui uma "força mágica" que pode nos ajudar de fato nas situações difíceis. Muitas pessoas que reconheceram e viveram essa experiência, escravizam seu inconsciente com banalidades e o tornam, pelo "pensamento positivo" desenfreado, um escravo condescendente, que deve também satisfazer os mais bobos e egoístas desejos de nosso ego sedento de poder. É provável que mais de 90% de todas as orações tenham o mesmo objetivo. Muitas vezes, seria por certo mais sábio agradecer ao amado Deus de todo o coração, quando ele por sorte nos impede de realizar nossos desejos mais tolos e nos protege dos nossos planos "mais loucos". No entanto, o inconsciente tem uma "força mágica" e pode nos ajudar de forma maravilhosa com ela.

Mas é claro que não é a frase, a imagem ou a própria pedra que contém a força mágica, assim como tampouco um amuleto preparado ou um talismã comprado. Trata-se da magia que o inconsciente empresta a esses objetos. Quanto mais falarmos sobre isso e, por orgulho ou para mantermos um ar de mistério, dermos indicações aos outros ou contarmos sobre nossa fórmula mágica, ou quanto mais conscientemente analisarmos o fenômeno, tanto mais o "lavaremos" de sua magia. Restam então fórmulas inanimadas, palavras vazias, rituais mortos, frases ocas, uma pedra sem vida. A magia desaparece. Por isso o herói deve guardar a fórmula mágica em seu íntimo, como um tesouro. Devemos, portanto, sempre ter em mente que se trata de um presente, que podemos aceitar agradecidos, mas não se trata de um merecimento do qual o nosso eu deva se vangloriar.

Como arquétipo proeminente, o velho sábio tomou a forma de muitas figuras famosas em nossa cultura ocidental. Em primeiro lugar, como Hermes Trismegisto (Hermes, o três vezes grande), essa figura lendária que segundo fontes diferentes viveu e ensinou nos primórdios da grande cultura egípcia e que, posteriormente, foi elevado a Thoth, o deus da sabedoria, ou como um contemporâneo de Moisés, como mostra o famoso mosaico no chão da Catedral de Siena. Os alquimistas, os maçons, quase todas as sociedades secretas e muitas sociedades esotéricas o nomeiam como seu pai fundador ou de algum modo se reportam a ele.

Ainda mais conhecido por nós é Merlim que, como velho sábio, é uma figura-chave no círculo lendário do rei Arthur. Nos países nórdicos, ele é o deus germânico da sabedoria, Odin, que ficou pendurado no freixo do mundo, Yggdrasil, durante nove dias e ali teve sua iniciação. Como expressão da sua conquistada capacidade de "viajar para países distantes", isto é, fazer viagens astrais, desde então é acompanhado pelos seus dois corvos, Huginn e Muninn.

Moisés, o arquétipo do velho sábio, recebe os mandamentos divinos no monte Sinai. Uma alusão à posição de destaque do Eremita e da lei divina da carta que segue.

Um representante histórico do velho sábio é Tales de Mileto, um filósofo que viveu no século VI a.C.; os gregos também o chamavam de primeiro dos sete sábios do velho mundo. Dele provêm duas respostas que são típicas para o Eremita. À pergunta: Qual é a coisa mais difícil de todas?, ele respondeu, pensativo: "Conhecer a si mesmo". Ao passo que à pergunta: O que é a coisa mais fácil na vida?, ele respondeu, provavelmente sorrindo: "Dar bons conselhos aos outros".

Em nossa tradição judeu-cristã Moisés certamente é o representante mais conhecido desse arquétipo. Ele lembrou logo a todo um povo sua verdadeira identidade (o nome verdadeiro), conduziu esse povo para a terra prometida, andando durante quarenta anos pelo deserto. Ele lhes deu os mandamentos divinos. Sua subida ao monte Sinai e a entrega que lhe foi feita dos mandamentos divinos encontram paralelo no tarô na transição da carta do Eremita para a carta da Roda da Fortuna.

Palavras-chave para a carta

O EREMITA

ARQUÉTIPO:	O velho sábio
TAREFA:	Recolhimento, introversão, seriedade comedida, reflexão, concentração interior
OBJETIVO:	Autoconhecimento, proteção contra influências alheias, reconhecimento dos padrões pessoais de valor, ser verdadeiro a si mesmo
RISCO:	Esquisitice, excentricidade, distanciamento do mundo, amargura
DISPOSIÇÃO ÍNTIMA:	Clareza, certeza, paz interior, encontrar-se e viver fiel a si mesmo

A RODA DA FORTUNA

A Roda da Fortuna
A vocação

Depois que o herói se tornou consciente da sua verdadeira identidade, enquanto seguia o arco diurno do Sol, ele agora busca o oráculo – na transição do dia para a noite – para descobrir a resposta da importante pergunta: "Qual é a minha tarefa?" Somente agora, depois de se tornar consciente de sua verdadeira identidade, ele está maduro para fazer essa pergunta e entender a resposta.

Poucas cartas de tarô foram interpretadas com tanto destaque ou de modo mais errôneo do que a Roda da Fortuna. Waite já se queixava de que desde os dias de Éliphas Lévi[1] as explicações ocultas dessa carta eram de uma ingenuidade ímpar. De fato, o significado da 10ª carta do tarô se torna difícil de decifrar quando nos orientamos pelo seu nome. É indiferente se a chamamos de Roda do Destino, ou de Roda da Sorte, como em outras línguas, ou simplesmente de Sorte. Em todos os casos, o nome não explica a essência da carta. Apresenta-se uma roda. Trata-se da roda do tempo. Através da sua contínua rotação, ela traz sempre coisas novas, enquanto as outras desaparecem. O mesmo simbolizam também as duas figuras da mitologia egípcia, Anúbis com cabeça de chacal, que personifica as forças que sobem e renovam a vida, e Seth na figura da cobra, um símbolo da força destrutiva. Nos quatro cantos da carta, há quatro querubins, figuras simbólicas dos quatro evangelistas, que representam ao mesmo tempo os quatro elementos, juntamente com a totalidade da Criação e são sempre uma expressão da totalidade. Unidas, surgem na esfinge, que rege a roda. Ela, um animal quadriforme, tem tradicionalmente o rosto de homem, asas da águia, rabo e garras de leão e o corpo de um touro. O fato de faltarem

---
[1] Um famoso ocultista do século XIX.

Como símbolo da totalidade, a Esfinge une em si os quatro elementos.

asas na carta do *Tarô Rider-Waite-Smith* é um enigma, sobretudo porque elas são nitidamente visíveis nos baralhos mais antigos.

No interior da roda, estão os símbolos alquímicos para o sal (⊖) o enxofre(☿), o mercúrio (☿) e a água (≈), ao passo que no círculo exterior está a palavra "Torá" e entre ela as letras hebraicas do nome de deus JHVH (יהוה). Contemplados juntos resulta desse simbolismo a seguinte afirmação: "Tornar-se, ser e morrer são as forças que mantêm a roda do tempo em movimento". Elas podem ser vistas no aspecto em elevação, criativo (= Anúbis), o princípio de resistência, de preservação (= Esfinge) e o lado descendente, destruidor (= Seth), que juntos correspondem a uma lei divina (= Torá e JHVH), que estimula os seres humanos a se transformarem de inferior para superior (= simbolismo alquímico).

Com isso, a Roda da Fortuna representa todas as tarefas que temos de resolver em nossa vida. Sempre que essa carta surge, ela afirma que o tema em questão entra em nossa vida nesse momento apenas para ser dominado. De todos esses aspectos isolados, aos poucos surge uma figura como um mosaico, que de início nos faz intuir qual é a nossa tarefa de vida, mas com o tempo deixa que a percebamos cada vez com maior nitidez, o que todavia não deve significar que ela possa ser denominada como um conceito ou reduzida a uma fórmula. Graficamente podemos descrevê-la, como os oráculos sempre fizeram quando respondiam melancolicamente à pergunta do herói com relação à sua tarefa de vida: "Procure o tesouro difícil de alcançar!"

Se quisermos entender essa resposta do ponto de vista psicológico, há uma explicação esclarecedora de C. G. Jung. Devemos

O oráculo de Delfos.

a ele uma informação sobre o caráter que, à primeira vista, mostra muitas semelhanças com as tipologias mais antigas. Jung também distingue quatro estruturas essenciais na consciência humana, que ele chama de funções da consciência: pensamento, sentimento, sensação e intuição. A diferença com relação a outros modelos quaternários clássicos, como o dos quatro elementos (Fogo, Terra, Ar e Água) ou o dos quatro tipos de temperamento (sanguíneo, colérico, melancólico e fleumático) não está tanto em uma nova descrição ou designação, mas muito mais na dinâmica própria da tipologia de Jung.

Enquanto outras descrições, de vez em quando, possuem um caráter rígido e determinam que uma pessoa tem um determinado tipo ou um tipo misto, Jung parte do fato de que a consciência de cada ser humano se compõe de todos os quatro aspectos que, certamente, não se desenvolvem todos da mesma forma. Ao contrário, como Jung reconheceu a partir das diferentes tradições, dos mitos e dos contos de fadas e naturalmente, de seu trabalho como médico e terapeuta, em geral o ser humano desenvolve na primeira metade da vida apenas três dessas quatro funções da consciência. A quarta permanece no reino da inconsciência. Isso corresponde ao motivo da alma vendida ou da pérola (um símbolo da totalidade) que, nos contos de fadas, é perdida no início da história.

Também os pais duplos do herói, que refletem sua origem e, ao mesmo tempo, suas habilidades, representam a totalidade que é atribuída ao herói como um quaternário. No entanto, sabe-se que uma das pessoas é considerada a "madrasta" e que, consequentemente, é tratada como tal de forma negligente. Voltar-se para esse lado negligenciado, conquistá-lo e "resgatá-lo das profundezas" é, segundo Jung, o tema da segunda metade da vida. Ele corresponde – em termos psicológicos – ao tesouro difícil de encontrar.

Como se deve entender isso? Sabemos que desenvolvemos nossas forças à custa de nosso lado mais fraco. Quanto mais se destaca uma das três funções desenvolvidas da consciência, tanto mais profundamente a quarta função é empurrada para o inconsciente, faltando portanto à nossa consciência e tornando-se a fonte dos nossos erros, que nos deixam insatisfeitos e muitas vezes nos tornam bastante infelizes.

Carl Gustav Jung chamou o aspecto mais fortemente desenvolvido da consciência de função principal de um ser humano. As duas funções seguintes, igualmente conscientes — que em contraste com o modelo simplificado acima mencionado em geral são desenvolvidas em níveis variáveis —, chamam-se a primeira e a segunda função auxiliar, ao passo que a parte inconsciente, o tesouro difícil de encontrar, é a função inferior – a menos valorizada.

Se uma pessoa, por exemplo, desenvolveu uma forte função pensamento, então em geral a função negligenciada por ela é a do sentimento. Apresentado de maneira simplificada, o modelo é o seguinte:

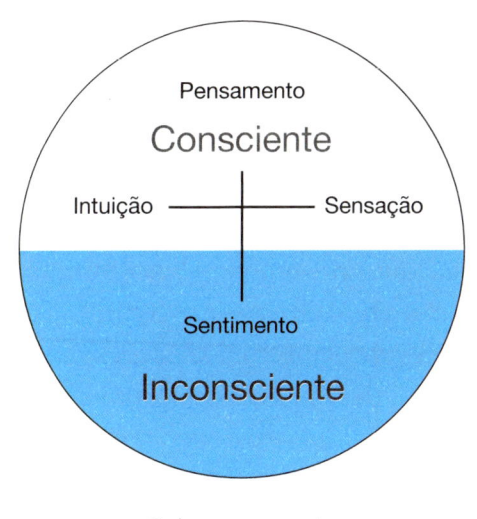

O tipo pensamento

No entanto, esse desequilíbrio inicial não significa que se trata de um erro de desenvolvimento e que seria melhor que uma pessoa, quando possível, desde o início desenvolvesse em igual medida todos os quatro aspectos de sua consciência. Segundo tudo o que podemos reconhecer, parece ser natural, correto e direito desenvolver primeiro três dessas funções e, então, na segunda metade da vida, lidar com o aspecto que falta; da mesma maneira, a jornada do herói só leva ao tesouro difícil de encontrar na segunda metade do caminho. Do ponto de vista psicológico, a distribuição de tarefas para os quatro tipos diferentes parece ser a seguinte:

Uma pessoa que corresponde ao modelo acima mencionado é chamada de "intelectual". Se lhe pedíssemos para responder, de modo espontâneo, o que sente, ela responderia de imediato: "Eu penso, eu sinto..." Para ela, o pensamento é mais rápido do que todo o sentimento, tanto que sempre tem uma resposta na ponta da língua. Assim, essa pessoa imagina o que seria apropriado sentir em determinada situação. Contudo, seria um erro concluir que ela não possa também sentir a resposta. Só que para isso ela necessita de mais tempo para sentir. Seu sentimento é subdesenvolvido, é obstinado, rude, genérico e não tão claro nem acessível como sempre é seu pensamento. Por isso, ela acha muito incômodo lidar com esse âmbito. Como o sentimento não é desenvolvido ou é pouco desenvolvido, há nele algo de simples e primitivo, nada de que a pessoa possa se orgulhar. Por outro lado, seu raciocínio é brilhante. É por isso que essa pessoa prefere mostrar-se desse lado mais civilizado, além de em geral desdenhar desse seu âmbito não desenvolvido ou considerado inferior, o sentimento; ela acha que, no fundo, se necessário, a humanidade poderia renunciar a ele. Uma pessoa como essa, no máximo na segunda metade da vida, enfrentará situações que a obriguem a dar fluxo às emoções e a desenvolver os sentimentos.

Em um mundo em que existem "intelectuais", também não faltam os "sentimentais". Estas são as pessoas que desenvolveram a função sentimento de forma tão elevada que, com a máxima rapidez, formam um julgamento, uma opinião, a partir do que sentem nas entranhas. O modelo de consciência do tipo sentimento é o seguinte:

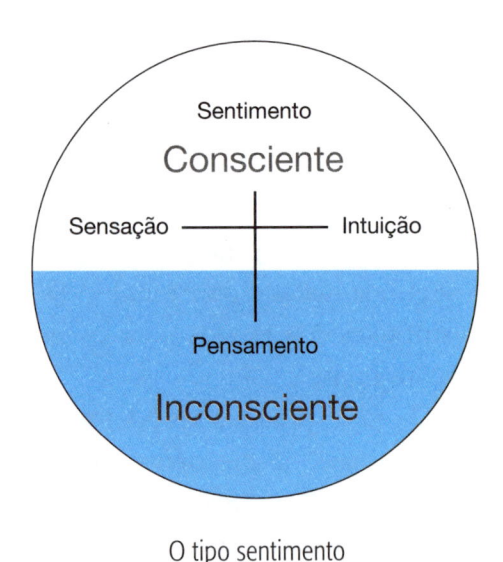

O tipo sentimento

Essas pessoas na maioria das vezes negligenciaram o pensamento e, portanto, é difícil fundamentarem o julgamento emocional a que chegaram ou explicarem alguma outra coisa com a lógica. Também consideram supérfluo fundamentar uma convicção claramente sentida. Naturalmente, discutiriam se disséssemos que não conseguem pensar. Sobretudo porque nossa sociedade respeita tão unilateralmente o pensamento, tanto que essa afirmação pareceria um julgamento devastador. Mas o que o tipo sentimento experiencia pensando é puramente o que gostaria que fosse, é, muitas vezes, uma certeza instintiva, porém não aquilo que corresponde a um pensamento lógico, analítico e consequente.

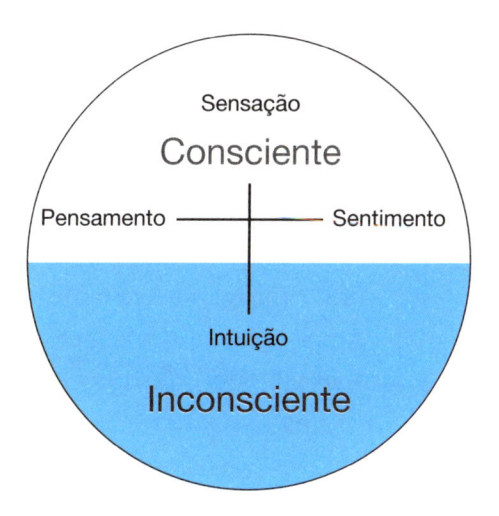

Assim, para o intelectual, o tesouro difícil de encontrar é o sentimento, ao passo que o tipo sentimento tem de aprender o pensamento sóbrio, dirigido para percepções objetivas.

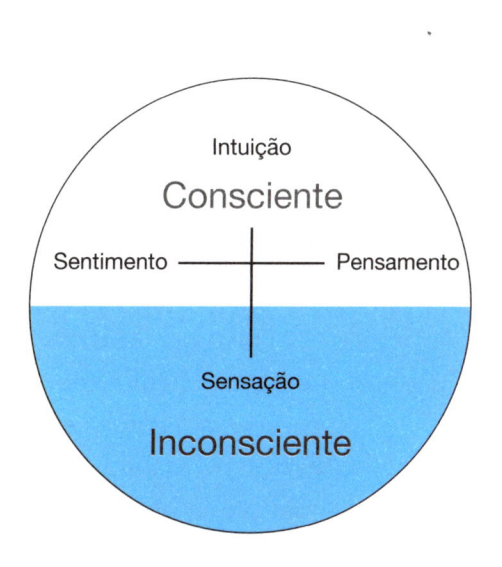

O tipo sensação percebe o mundo através dos sentidos: a cor, o paladar, o olfato, a forma exterior. Ele pode confiar nesse prazer dos sentidos ou se fixar exclusivamente na forma exterior, que lhe dá o sentimento de quais possibilidades existem em um objeto ou projeto. Falta-lhe o acesso intuitivo. Em caso extremo, ele só vê o que existe, não vê o que é possível. Desenvolver esse faro, sentir a multiplicidade de possibilidades que esse mundo oferece, desenvolver um senso para identificar tendências e avaliar as oportunidades que existem num experimento ou empreendimento, em poucas palavras, abrir sua visão interior, é o seu tesouro difícil de encontrar.

O seu polo oposto percebe o mundo exatamente do modo contrário. O tipo intuição fica tão fascinado com as possibilidades que existem em uma ideia, em um objeto ou em um projeto, que

O tipo sensação

O tipo intuição

negligencia totalmente a forma e os fatos reais. De tanto fantasiar, ele raramente consegue realizar algo com isso. Enxergar a realidade tal como é, não se contentar apenas com uma visão das coisas mas desenvolver a paciência de deixar a visão tornar-se concreta e transformá-la em ação é o seu tesouro difícil de encontrar.[2]

Na carta do tarô, os querubins, as quatro figuras simbólicas nos cantos, representam os quatro elementos Fogo, Terra, Ar e Água, que por sua vez correspondem às quatro funções que acabamos de descrever como os quatro temperamentos. Todos os quatro seguram livros em suas mãos como símbolo das tarefas e lições que vão distribuir. Sempre que uma pessoa faz a pergunta: "Qual é a minha tarefa nesta vida?", um dos quatro lhe responderá: "Aprenda sobre mim, desenvolva minha natureza essencial, para que você se torne íntegro."

Assim, a carta da Roda da Fortuna representa todas as experiências que temos de fazer ao longo de nossa vida para nos tornarmos inteiros. E assim nós também entendemos o nome da carta; pois Schicksal (alemão, para destino) nos diz que nos será enviado sal, *salus*, que significa "são". Nós não somos sãos ou somos doentes, e todas as experiências que fizermos relacionadas com essa carta, toda lição que nos for ensinada nesse ponto, tem o objetivo de nos tornar sãos, isto é, inteiros.

No final dos Arcanos Maiores, a 21ª carta é o Mundo. Ela corresponde ao círculo exterior da mandala (veja p. 80), o reencontro do paraíso nos contos de fadas e lendas e representa a totalidade alcançada no âmbito espiritual como nosso objetivo de vida. Aqui os quatro querubins são vistos outra vez, mas em contraste com a 10ª carta, eles não seguram mais livros nas mãos. Isso significa que as lições de a Roda da Fortuna foram aprendidas durante o caminho entre ambas as cartas, a totalidade foi alcançada, o ser humano tornou-se são, a quarta força que faltava foi integrada.

Com a Roda da Fortuna, nós chegamos às cartas de dois algarismos. Na jornada do Sol, ela corresponde ao Sol poente no

---

[2] Para mais informações, ver Hajo Banzhaf, *Der Mensch in seinen Elementen. Eine ganzheitliche Charakterkunde* [O Homem em seus Elementos. Uma descrição integral do caráter].

horizonte ocidental, um quadro da mudança da luz para o polo escuro e até agora negligenciado. Esse momento também simboliza o conceito da necessidade no sentido de uma lei obrigatória, como também o momento da mudança, que o Sol tem de inevitavelmente realizar. Também necessárias e inevitáveis são as experiências que temos em relação a essa carta. Simbolicamente, o que separa corresponde ao masculino e o que une, ao feminino. Igualmente, o trecho do caminho masculino nos separa da origem, ao passo que o trecho feminino do caminho à nossa frente nos reconduz a ela. O pensamento masculino é separador, diferenciador, sempre estabelece novos limites e, com isso, determina diferenças cada vez mais sutis, ao passo que o pensamento feminino, análogo, é integral, reconhece e acentua as coisas em comum e sempre extingue os limites estabelecidos anteriormente.[3] O pensamento masculino acusa o pensamento feminino de ser ambíguo, enquanto o pensamento feminino se ri de todo esforço masculino pela clareza, sabendo muito bem que a realidade é complexa demais para se submeter a uma única fórmula inequívoca. Se o caminho percorrido pelas cartas de um só algarismo levou para fora da unidade da origem para a multiplicidade em que o ego desperto, em desenvolvimento e em constante esforço pela clareza, se tornou crescentemente unilateral, assim o caminho das cartas de dois algarismos que está à nossa frente, muitas vezes ambíguo, nos levará atráves dos paradoxos até, finalmente, a unidade de todas as coisas. Pois, como diz Jung: "Surpreendentemente, o paradoxo pertence ao bem espiritual mais elevado. O significado unívoco é um sinal de fraqueza". E pouco adiante, ele diz: "... só o paradoxal é capaz de abranger aproximadamente a plenitude da vida. A univocidade e a não contradição são unilaterais e, portanto, não se prestam para exprimir o inalcançável".[4]

---

[3] Naturalmente, não se trata aqui do pensamento dos homens e das mulheres. Aqui, masculino e feminino devem ser entendidos como conceitos simbólicos, como yin e yang (ver p. 51).

[4] C. G. Jung. *Psychologie und Alchemie (Band 12)*.- [*Psicologia e Alquimia*. Obras Completas, vol. 12 §18.]

A RODA DA FORTUNA

Os querubins seguram livros nas mãos: eles transmitem lições.

O MUNDO

Os querubins não seguram mais livros nas mãos: as lições foram aprendidas.

O MAGO

O Mago personifica a força e a destreza para realizar as tarefas.

A RODA DA FORTUNA

A Roda da Fortuna simboliza a tarefa da vida.

Essa mudança de direção, que aqui se torna "necessária", não agrada nem um pouco o ego. Com a maior má vontade, ele desiste da sua pretensão de esclarecer tudo inequivocamente. Talvez nisso esteja um motivo de tantas previsões oraculares serem precipitadamente interpretadas de forma errônea. As duas maneiras de reagir à exigida mudança de rumo se mostram no modo patriarcal e matriarcal de interpretar a carta seguinte (a Força). A recusa tão frequente em realizar a mudança exigida neste ponto sempre leva à situação difícil do Pendurado, aparentemente sem saída.

As cartas de dois algarismos dos Arcanos Maiores sempre estão associadas significativamente às cartas que correspondem à soma transversal. Neste caso, trata-se da 10ª carta (a Roda da Fortuna), que leva à 1ª carta (o Mago). Enquanto a Roda da Fortuna simboliza a obra de uma vida, o Mago personifica a habilidade e a força para resolver as tarefas apresentadas. Por conseguinte, a tarefa de vida para cada ser humano é criada de modo que possa ser concluída e apropriada.

Palavras-chave para a carta

A RODA DA FORTUNA

ARQUÉTIPO:	A vocação, a previsão do oráculo
TAREFA:	Compreensão do necessário para fazer sua tarefa, encará-la
OBJETIVO:	Mudança do inferior para o superior, domínio da tarefa de vida, tornar-se inteiro
RISCO:	Fatalismo, entender mal sua tarefa
DISPOSIÇÃO ÍNTIMA:	Vivências e experiências que nos permitem ficar sãos, mesmo que de início não as apreciemos

No *Tarô de Marselha* No *Tarô Rider-Waite-Smith*

A Força
Hibris ou o animal prestativo

A Força é uma das duas cartas cujo lugar no baralho foi alterado por Arthur Edward Waite – contrariando a sequência tradicional (veja p. 18). Em seu undécimo lugar original, ela abre a segunda dezena dos Arcanos Maiores, como o correspondente feminino do Mago, que começa a primeira dezena. A semelhança das duas cartas é visível e, no *Tarô Rider-Waite-Smith*, é acentuada pelo mesmo colorido. Em ambos os casos, o tema é força. O Mago encarna a força criativa, poder de persuasão e técnica, ao passo que a carta da Força expressa a vitalidade, a paixão e o prazer de viver. Em ambas as cartas, pode-se ver acima da cabeça da figura uma leminiscata (¥), símbolo do infinito, que, no *Tarô de Marselha*, se esconde na forma do chapéu. Esse oito deitado simboliza a união constante e a troca recíproca de dois âmbitos ou mundos. No Mago, ela representa a união do que está no alto com o que está embaixo, do macrocosmo com o microcosmo, ao passo que, na carta da Força, representa a união harmoniosa do ser humano civilizado (mulher) com sua natureza animal (leão). Por todos esses motivos, a força feminina está no início do trecho feminino do caminho, que no decurso das cartas com dois algarismos levará aos segredos das profundezas, aqui na 11ª posição, muito mais convincentemente do que na 8ª posição.

O que esta carta significa na jornada do herói depende do tipo de leitura que escolhermos: patriarcal ou matriarcal. O leão é o símbolo da nossa natureza instintiva e impulsiva, dos nossos desejos apaixonados, selvagens, agressivos e do instinto nu e cru de autopreservação. Os mitos patriarcais nos falam de heróis que matam leões; interessante é que as mais conhecidas dessas histórias não acabam bem. Sansão foi vítima de uma traição e perdeu toda a sua força; o famoso Hércules também teve problemas

Tarô de Marselha

Tarô Rider-Waite-Smith

consideráveis, principalmente com o seu lado feminino. Em um primeiro ataque de loucura, ele matou sua mulher e filhos, e depois de um novo ataque, ele foi sentenciado a assumir o papel de uma mulher como reparação. Assim, ele serviu durante três anos vestido de mulher na corte da rainha Ônfale, da Lídia,

Usando roupas de mulher, Hércules enrola o fio da lã.
A clava e a pele de leão lhe foram tiradas pela rainha da Lídia.

tendo de fiar e executar outras tarefas femininas, enquanto a rainha usava a pele de leão e a clava do herói. Essa "terapia" o ajudou a integrar seu lado reprimido a ponto de se libertar da sua loucura, porém a sua feminilidade interior ferida jamais foi totalmente curada. Por fim, a ferida resultante lhe custou a vida.

Nesta variante patriarcal das histórias de matadores de leão, a carta da Hibris corresponde à arrogância pessoal do ser humano, sua imprudente recusa em se submeter à lei divina e de cumprir a tarefa que lhe foi destinada. Mas aqui se trata do modo feminino de dominar o dragão, que consiste em aceitá-lo.[1] Felizmente, o tarô manteve essa mensagem para nós, mostrando uma mulher que domina amorosamente um leão. Esse tema não só é transmitido em fragmentos mitológicos, como parece ter sido muito apreciado na época matriarcal. A grande deusa sumeriana Inanna, correspondente a Vênus, foi representada em pé sobre um leão domado por ela; sobre a sua "sucessora" babilônica, Ishtar, diz-se muitas vezes que é uma leoa. A deusa grega Ártemis também é considerada pelas mulheres como leoa. Somente com a crescente crítica da nossa natureza instintiva e impulsiva pela religião cristã, o leão tornou-se gradualmente o símbolo do Anticristo, que é dominado pela Virgem Santa. Nisso se reflete a tentativa da consciência de dominar, escravizar ou até mesmo matar dentro de nós o animal que é rejeitado como pecador. "Uma simples repressão da sombra, contudo", como Jung observou com um pouco de ironia, "é um remédio tão eficaz como decepar uma cabeça que dói."[2]

Ao lidar com o nosso lado sombrio, nosso interior selvagem, e ao encontrar com o animal interior, seria inapropriado subestimá-lo, ou evitá-lo e reprimi-lo, ou ainda nos aproximarmos dele com rigidez e violência. Há um bom motivo para que esse encontro aconteça somente agora, no meio do caminho. Até este ponto, foi importante desenvolver as capacidades do Ego,

---

[1] Ver Erich Neumann. *Amor und Psyche Deutung Eines Märchens*, p. 132. [*Eros e Psiquê*. Cultrix, São Paulo, 2ª ed., 2017.]

[2] C. G. Jung. *Zur Psychologie Westlicher und Östlicher Religion (Band 11) – Psychologie und Religion*. [*Psicologia e Religião*. Obras Completas, vol. 11/1, p. 79.]

fortalecendo-o adequadamente para que pudesse suportar esse confronto, visto que uma fraca consciência do eu seria engolida pelas demais forças do inconsciente com muita facilidade. Jung repetiu muitas vezes como é confuso falar do inconsciente, porque esse conceito desperta a ilusão de que existe uma supraconsciência opulenta, que não tem nenhuma dificuldade para controlar tudo o que está no inconsciente. Em vez disso, Jung preferiu falar da relação do inconsciente com o consciente, que ele apresentou assim:

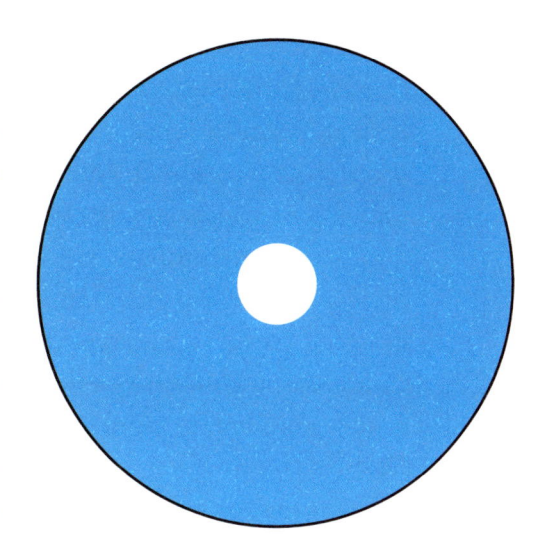

O consciente cercado pelo inconsciente.

A consciência que a humanidade desenvolveu ao longo de alguns séculos e que cada ser humano tem de desenvolver de novo durante a sua vida é totalmente envolvida pelo inconsciente. Se for tão fraca que os limites se tornem permeáveis, o inconsciente pode desinibidamente inundar a consciência. Os povos primitivos chamam isso de perda da alma. Neste caso, falamos com propriedade de alienação mental. Para superar esse perigo, o Ego precisa tornar-se forte e amadurecer nos primeiros trechos do caminho. Ele tem de estar solidamente enraizado na realidade exterior e ser capaz de dialogar com as forças do inconsciente a fim de poder ficar firme no encontro que se realizará. Caso contrário, o Ego será facilmente engolido, inundado ou sufocado pelos sentimentos, fantasias e imagens do inconsciente. Por isso, nos mitos e contos de fadas, o verdadeiro herói é sempre aquele que conscientemente vai ao encontro do perigo, sem deixar-se devorar pela noite ou pelo monstro no processo.

Uma das grandes figuras mitológicas – que não lutou contra a brutalidade interior, mas a encarnou como uma força divina – foi Dionísio. Ele até soube como montar o animal selvagem.

Dionísio foi o deus da embriaguez, do vinho e das festas orgíacas e tempestuosas. O mito conta que ele – um filho da cidade de Tebas – foi enviado logo cedo para uma terra distante. Como um belo rapaz, ele voltou da Ásia Menor à sua terra natal com um bando feroz de músicos e bacantes, com o intuito de trazer seu culto para Tebas. Mas como a companhia dançante não era bem-vinda ali, ela ficou tocando tambor, cantando e assobiando diante dos portões da cidade, montando acampamento na encosta do Monte Kithairon. E então aconteceu algo extraordinário: fascinadas pelo deus irresistível, todas as noites, cada vez mais mulheres abandonavam secretamente suas casas e se esgueiravam para fora da cidade, a fim de festejar com Dionísio na floresta.

Penteu, o respeitável rei de Tebas, achava esse culto desenfreado um ultraje; e quando o jovem Dionísio lhe apareceu certo dia, imediatamente mandou jogá-lo na prisão, da qual o deus fugiu de maneira miraculosa. Novamente, ele apareceu diante do rei, contou-lhe sedutoramente sobre as orgias e descreveu com vivos detalhes a devassidão. Ao fazer isso, conseguiu despertar de tal modo a curiosidade e lascívia do rei, que ficou facilmente seduzido e foi convencido a usar roupas de mulher a fim de sair incógnito da cidade e ir ao acampamento das bacantes. Ao chegar lá, se escondeu em uma árvore, de onde podia observar os impulsos ferozes. O que viu era tão impactante que seus olhos quase caíram de sua cabeça e ele ficou totalmente atordoado. Mas isso o tornou tão descuidado que as mulheres que dançavam extasiadas o viram. Em sua embriaguez elas o tomaram por um leão das montanhas, se jogaram sobre ele, arrancaram-no da árvore, estraçalharam seu corpo vivo, espetaram sua cabeça em um bastão e com esse troféu partiram dançando em direção à cidade. Só então recuperaram a lucidez. A mulher que carregava o bastão era Agave, mãe do rei, que tomada de horror teve de reconhecer que havia despedaçado o próprio filho.

Essas histórias mostram como pode ser perigoso amordaçar, reprimir ou até mesmo matar o animal em nós (a ferocidade interior). Na medida em que reprimimos algo ou acreditamos ter absoluto controle sobre ele, cresce o perigo de nos tornarmos vítimas desse lado desqualificado. Se Penteu tivesse dado suficiente espaço para sua natureza animal, ele a teria conhecido e direcionado. No entanto, ele foi vencido, no verdadeiro sentido da palavra, pela sua luxúria reprimida, e portanto bastante inconsciente, que acreditava ter sob controle.

Mas se nos aproximarmos cuidadosa e amistosamente do animal interior, com frequência ele se torna uma força aliada, útil. Em muitos contos de fadas, a princípio o animal é selvagem e perigoso e tem de ser antes de qualquer coisa domado. Mas o herói que tem êxito nisso e passa a confiar na guiança do animal encontra o tesouro ou o que é preciso encontrar. Marie-Louise von Franz examinou uma série de contos de fadas para verificar se fariam uma afirmação comum, sempre igual, por assim dizer uma recomendação incontestável de como o ser humano deveria se comportar em determinada situação. Tudo em vão. Obviamente não existe uma verdade absoluta para o inconsciente coletivo (a fonte original de onde surgiram os mitos). Os conselhos dependem totalmente da situação e são diferentes mesmo em circunstâncias comparáveis. Parece que uma única regra não tem exceção: quem fere o animal prestativo acaba em desgraça.[3]

Para se manter no longo caminho, a consciência precisa encontrar a atitude correta diante do inconsciente. Ela tem de aprender a se deixar conduzir confiantemente e, sobretudo, não perseguir quaisquer objetivos ambiciosos ou gananciosos do Ego. Se o Ego recusar esse "exercício de humildade" e, em vez disso, tentar roubar a força mágica do inconsciente por meio de truques, a fim de se apoderar desse poder, então ele perde o verdadeiro.[4] Então o ser humano se torna escravo de sua fantasia de onipotência e fracassa em sua jornada para o submundo; ele mesmo se transforma em animal. No tema típico dos três irmãos ou das três irmãs dos contos de fadas, via de regra é nesse ponto que os dois irmãos mais velhos fracassam, enquanto o tolo é "puro de coração" e, por isso, consegue realizar o trabalho.

---

[3] Ver Marie-Louise von Franz. *Der Schatten und das Böse im Märchen* [A Sombra e o Mal nos Contos de Fada], pp. 135ss.
[4] "Perda do verdadeiro" é uma outra interpretação da palavra pecado. É interessante que o número 11, o número desta carta, é também o número do pecado.

Dionísio cavalgando sua pantera.

A Bíblia nos conta que a mesma coisa aconteceu ao rei Nabucodonosor que, desconsiderando o aviso recebido em sonho, se enalteceu vaidosamente no telhado do seu palácio: "Não é esta a grandiosa Babilônia que edifiquei para capital do meu reino, com a força do meu poder, para minha honra e glória?" (Daniel 4:30). Essas palavras ainda estavam nos seus lábios quando se transformou em um animal e "passou a viver com os jumentos selvagens e a comer capim como os bois" (Daniel 5:21).

O que torna o caminho para a profundeza tão perigoso? Por que o ser humano teme a descida para a escuridão? Nossa consciência sente-se atraída por tudo o que desperta a aparência de ordem, porque acredita poder enxergar, calcular e, mais cedo ou

O rei Nabucodonosor transformado em animal.

mais tarde, controlar esse fenômeno. É por isso que gostamos de falar sobre a ordem divina e, ao mesmo tempo, atribuímos tudo o que é ocasional e caótico ao Diabo. Nós encontramos esse lado não desenvolvido, que por isso pode ser imprevisível, do caminho nas cartas de dois algarismos. Ele está, como já vimos, sob a direção da Sacerdotisa, que encarna tanto a arte do deixar-acontecer quanto a disposição de se interiorizar.

A Força, a primeira carta do caminho feminino, corresponde na numeração original à soma transversal da Sacerdotisa. Essa correspondência nos permite reconhecer mais uma vez que no restante do caminho "não há mais nada a fazer". O trecho ativo do caminho do Mago se encerrou e agora esperamos as coisas acontecerem. O Mago nos leva do colo da mãe para o mundo. Nesse trecho do caminho, exigia-se atividade e era preciso dominar as tarefas com técnica. No entanto, aqui, na metade da jornada, os indícios mudaram. Quando então a Sacerdotisa assume a

A SACERDOTISA
A disposição de se interiorizar.

A FORÇA
O encontro com a natureza instintiva e impulsiva.

direção, trata-se de abandonar aos poucos todos os símbolos de poder masculinos que foram penosamente conquistados nos trechos anteriores do caminho. O Ego fortalecido, amadurecido, mas sedento de poder, tem de reconhecer seus limites, tem de se tornar outra vez humilde e modesto. Até então o herói precisava *ter* experiências, mas agora o desafio é *ser* sinceramente aberto às experiências. A partir de agora nada mais acontece quando e porque o Ego quer, mas quando e porque o Self quer. A partir daqui nada mais pode ser forçado. Todas as experiências futuras fogem ao planejamento. Elas vêm no seu próprio tempo e não podem ser determinadas em *workshops* ou em cursos de final de semana. O ser essencial surge involuntariamente, no mais verdadeiro sentido, e enquanto não estiver maduro, nada acontece, independentemente de quanto tempo fiquemos na posição yogue sobre a cabeça, em fervorosa devoção ou em meditação imóvel, deixando-nos inundar com incenso ou com os doces sons da Nova Era. A segunda metade do caminho que aqui se inicia *pode* levar o herói à visão do superior, porém, somente se ele ou ela tiver dominado as exigências da primeira metade do caminho.

A partir daqui, nada resta a aprender nos melhores livros, só vai funcionar se nos entregarmos de corpo e alma às experiências a que formos levados. Aqui cabe o desafio alquimista: "Rasguem os livros para que seus corações não sejam rasgados"[5] que Jung considera tão decisivo "para que o pensamento não prejudique o sentimento, porque de outra forma a alma não pode retornar."[6]

No mais tardar a partir daqui, a razão deve compreender sua função como *head-office* no sentido positivo, como um centro de comando ou estação de controle que supervisiona e não invade, que permite a expressão coordenada dos diferentes aspectos da personalidade em vez de comandar, tiranizar ou reprimir sem mais nem menos os aspectos desagradáveis. A tarefa essencial dessa central está antes de qualquer coisa no reconhecimento daquilo que acontece e na visão – muito significativa – de que fugir não é a solução.

Tudo isso torna o caminho incerto e incômodo. Neste ponto, estamos tão hesitantes como ao dar os primeiros passos no trecho já percorrido do caminho. Novamente o desconhecido está diante de nós. E não é só isso. Muito daquilo a que nos familiarizamos, que até então nos parecia evidente e comprovado, neste caminho para o interior parecerá contraditório, nos causará irritação e medo. Jung compara o medo de uma criança diante da vastidão do mundo com o medo que sentimos quando entramos em contato com nosso lado infantil, um mundo igualmente vasto e desconhecido. Esse medo, diz ele, "é, pois, legítimo, porque os dados do outro lado conseguem abalar nossa concepção racional do mundo, com suas certezas cinetíficas e morais; a crença ardente que nelas depositamos faz supor quão frágeis são."[7]

---

[5] Citação do *Rosarium Philosophorum*, obra alquímica de 1550.
[6] C. G. Jung. *Praxis der Psychotherapie (Band 16) – Spezielle Probleme der Psychotherapie*. [*Ab-reação, Análise dos Sonhos e Transferência*. Obras Completas, vol. 16/2, §488.]
[7] C. G. Jung. *Zwei Schriften über Analytische Psychologie (Band 7) – Die Beziehungen zwischen dem Ich und dem unbewussten (2. Schrift)*. [*O Eu e o Inconsciente*. Obras Completas, vol. 7/2, § 324.]

Os gregos chamavam seu submundo de reino das sombras. E é para aí que leva a jornada. O conceito de "sombra" foi introduzido na psicologia por Jung, para com ele designar a soma das nossas possibilidades não vividas e na maioria das vezes não amadas. A sombra contém tudo o que aparentemente não temos, mas constantemente notamos nos outros. Sempre que instantaneamente nos revoltamos ou nos sentimos incompreendidos, quando alguém aponta nossos erros, ou quando reagimos a uma crítica à nossa pessoa com uma irritação que não pode ser contida, podemos ter certeza de que entramos em contato com uma parte da nossa Sombra.

Não fosse assim, a crítica ou censura não nos atingiria tanto, pois poderíamos constatar, e constataríamos com tranquilidade e convicção, que devia tratar-se de um mal-entendido. Mas assim que a nossa Sombra é acionada, assim que nosso lado não amado é tocado, nosso Ego imediatamente dá o alarme. Então, perplexo e obstinado, ele afasta de si todas as acusações, sobretudo se a acusação de fato puder atingir uma particularidade que está tão imersa na Sombra da consciência que o Ego realmente a desconhece. Mas o fato de vivenciar algo como distante do Ego não prova que aquilo não faz parte de nós, apenas comprova que não sabemos nada sobre isso. A medida da nossa indignação é, portanto, um interessante gradímetro para constatar se uma censura ou acusação esconde a indicação de um tema da Sombra.

Como a sombra contém tudo o que nos é possível, mas que não vivemos por razões morais ou pessoais, ela abrange todo o "ser interior" com todas as suas possibilidades. Por isso, o âmbito da Sombra não deve se limitar a temas banidos. Ali estão também as possibilidades que nos parecem positivas e dignas de esforço, mas que são ao mesmo tempo tão inimagináveis que o nosso Ego não consegue concebê-las. Elas nos parecem muito grandes, muito ousadas ou tão extraordinárias que não acreditamos ser capazes de realizá-las. Poderíamos denominá-las a parte luminosa da Sombra.

Naturalmente, é preciso coragem e força para confrontarmos a Sombra, pois nela encontramos afinal uma parte forte e desconhecida de nós mesmos. Nisso está um aspecto importante do processo de amadurecimento, em que podemos aprender algo essencial sobre nós mesmos. Na verdade, todo Ego possui a destreza especial de se colocar sem problemas sob uma luz totalmente favorável; ao menos no que diz respeito à comparação com o grupo. É surpreendente observar como até mesmo os mais desagradáveis patifes e os piores criminosos conseguem facilmente fazer isso. Quer se trate de um traficante sem consciência, de um tirano de sangue frio, um falido fraudulento ou torturador sem compaixão – seu Ego também não encontra problemas em desenvolver uma imagem surpreendentemente favorável de si mesmo, atribuindo a culpa de todo o mal às outras pessoas, a motivos de força maior ou a circunstâncias compulsórias.

No entanto, enquanto uma pessoa se esforça unicamente em ficar na luz certa, ela segue – livre de toda crítica pessoal – um impulso ingênuo do Ego. Não podemos encontrar a totalidade sem reconhecermos e aceitarmos que a Sombra também faz parte dela. Para alguns de nós é relativamente fácil fazer isso quando se trata de figuras de sombra gigantescas. Pois o Ego pode até sentir orgulho em confessar ter também um lado mau e poder ser, por exemplo, um temido fomentador de guerras, um terrível assassino em massa ou um horrível ditador. Nos livros de História, essas pessoas sempre terão muito mais lugar do que as corajosas e boas.

Mas, muito mais desagradável torna-se a integração da sombra para a maioria de nós, principalmente quando temos de admitir para nós mesmos as mesquinharias banais, constrangimentos dos quais nos envergonhamos até os ossos e esperamos que ninguém nos pegue em flagrante. É difícil reconhecer que não é o vizinho mas nós mesmos que somos o covarde, o ladrão vulgar, o mentiroso maldoso, o mísero e pequeno filisteu, o traidor desavergonhado, o intrigante, nojento ou simplesmente um verme mentiroso, sem caráter, acomodado; reconhecer que temos todos os desejos, cobiças, vícios e fraquezas que gostamos de imputar aos outros, para condená-los hipocritamente; reconhecer que nem de longe somos tão nobres, prestativos e bons como gostamos de pensar que somos: tudo isso é muito, mas muito difícil mesmo. Mas sem a Sombra não apareceria nenhum perfil definido. "A 'forma viva' precisa de sombras profundas a fim de revelar sua realidade plástica", diz Jung. "Sem as sombras, ela fica reduzida a uma ilusão bidimensional ou então a uma criança mais ou menos bem educada."[8] Em outro ponto, ele diz: "Será que o fato de o homem permanecer eternamente infantil pode ser um ideal? Ou o de ele viver na cegueira total sobre si mesmo, jogando sempre no vizinho a responsabilidade por tudo o que lhe desagrada, e atormentando-o com os seus preconceitos e projeções?"[9]

No entanto, no centro do confronto com o mundo inconsciente da Sombra está o encontro com a sexualidade oposta interior. Como Jung demonstrou, o inconsciente do homem se comporta de uma maneira feminina (ele o chamou de *anima*) e o inconsciente da mulher se comporta de uma maneria masculina (ele o chamou de *animus*). Tornar-se consciente dessa contraparte sexual interna, encontrá-la e aceitá-la é parte essencial da jornada para o interior. Enquanto essa sexualidade oposta nos fascina "fora", no sexo oposto, naturalmente somos atingidos por ela. Porém, assim que tratamos de aceitá-la interiormente como nossa, inicia-se a crise. Um homem que encontra pela primeira vez seu lado feminino, até então oculto, primeiro o sente como fraqueza, como indefinição, covardia ou desamparo. Então, ele decide "naturalmente" permanecer durão. Neste ponto do tempo ele ainda não se deu conta que essa feminilidade interior o levará por fim à visão do superior. E quanto mais fraco for o Ego, maior será o medo de fracassar, e tanto mais acreditará que precisa agir duramente no mundo externo. Em vez de desenvolver firmeza interior ele só desenvolve dureza exterior, por trás da qual esconde instabilidade interior e hipersensibilidade. Esse tipo de homem, que se ofende com demasiada facilidade, é capaz de extrema brutalidade, apenas para compensar sua

---

[8] C. G. Jung. *Zwei Schriften über Analytische Psychologie (Band 7) – Die Beziehungen zwischen dem Ich und dem unbewussten (2. Schrift)*. [O Eu e o Inconsciente. Obras Completas, vol. 7/2, § 400.]

[9] C. G. Jung. *Praxis der Psychotherapie (Band 16) – Spezielle Probleme der Psychotherapie*. [Ab-reação, Análise dos Sonhos e Transferência. Obras Completas, vol.16/2 § 420.]

indefinição interior. Em vez de aceitar seu lado feminino e, como resultado, amadurecer, ele tende a combatê-lo em toda parte.

Um famoso representante desse tipo de caráter é o herói grego Aquiles. Durante toda a vida, foi apegado à mãe, a ninfa Tétis. Ela quis torná-lo imortal, mergulhando-o no rio do inferno, Estige (nome que significa "ódio"), quando recém-nascido, mas o calcanhar por onde o segurou acabou ficando desprotegido. Exteriormente de dureza impiedosa, interiormente, porém, de extrema sensibilidade, muitas vezes amuado e rancoroso, Aquiles ficou conhecido como um dos guerreiros mais capazes, mas também como um dos mais cruéis, na Guerra de Troia. Assim, em vez de se unir à sua *anima*, que lhe apareceu na figura da rainha das amazonas, Pentesileia, ele a matou. Foi então que ele se apaixonou desesperadamente por seu corpo morto e a violentou. Consequentemente, a sua história acaba mal: permitiu que a bela Polixena descobrisse o segredo do seu vulnerável calcanhar e, logo depois, foi vítima de uma conspiração. Sempre que o Ego sonhar com uma vitória sobre a *anima* ou *animus*, o perigo persiste, "pois toda imposição do Ego," diz Jung, "é seguida por uma imposição do inconsciente".[10]

Aquiles mata Pentesileia.

Algo semelhante acontece com uma mulher que não está consciente da sua masculinidade interior e, em vez disso, a combate no mundo exterior. Por falta de confiança na própria masculinidade, ou ela sente todo masculino exterior tão ameaçador que precise ser destruído, ou ela cai no total desamparo e no

---

[10] C. G. Jung. *Zwei Schriften über Analytische Psychologie (Band 7) – Die Beziehungen zwischen dem Ich und dem unbewussten (2. Schrift)*. [*O Eu e o Inconsciente*. Obras Completas, vol. 7 § 382.]

papel de vítima. Então ela entra em luta – com não menos eficiência – com seu mundo interno masculino constantemente. Como a organização patriarcal nega à mulher uma expressão franca e agressiva, é esta última, a que luta indiretamente, que performa o papel "clássico" da mulher na sociedade patriarcal.

Por outro lado, o primeiro tipo de mulher é descrito na psicologia junguiana como a mulher castradora, que "castra" o homem ao seu lado no âmbito da masculinidade superior (cabeça) ou da masculinidade inferior (sexo), ao constantemente silenciá-lo, subestimá-lo, tratá-lo como um garoto estúpido ou se afastando sexualmente dele. Este não é um comportamento consciente que possa ser visto como ruim ou mal intencionado, mas sim um comportamento imaturo, resultado da vivência inconsciente da problemática interior. Como o comportamento é imaturo, e não maldoso, chegará um tempo em que a mulher precisará amadurecer e confrontar seu próprio inconsciente.

Essa problemática feminina tem uma certa correspondência com o mito de Hércules, que narra uma batalha mortal com a filha de Ares, Hipólita, outra rainha das amazonas. Como o nono dos seus doze trabalhos, Hércules tinha de trazer o cinto de Hipólita. Para isso, velejou para o país das amazonas e deu um ultimato: ele ordenou que o cinto, o sinal de domínio da linhagem, lhe fosse entregue. Na verdade, Hipólita estava disposta a entregar a Hércules, sem hesitação e voluntariamente, o símbolo do seu poder, mas Hera, a inimiga ciumenta de Hércules, não lhe permitiu uma vitória tão fácil. Sob o disfarce de amazona, ela induziu todas as outras guerreiras a atacarem o herói. Furioso com essa traição, Hércules matou a rainha que, na sua opinião, havia faltado com a palavra.

Se lermos a mensagem dessa narrativa do ponto de vista feminino, ela nos fala de uma mulher muito masculina, decidida a se unir de modo muito positivo com o *animus*. A rainha é a portadora da consciência, enquanto seu povo simboliza os vários aspectos de sua natureza essencial. Mas essa mulher ainda não é uma personalidade unificada, ela desconhece forças essenciais em si mesma. Conscientemente, ela talvez tivesse a boa vontade de renunciar aos símbolos externos de seu poder e de entregá-los

Hércules e Hipólita.

ao seu polo oposto. Mas subestimou a força e a autonomia das partes ainda não integradas da sua natureza essencial que, amotinadas por uma força arquetípica, fazem fracassar as intenções da consciência. Isso também vale para Ulisses, cuja volta ao lar sempre fracassava por causa de seus companheiros – seus aspectos não integrados – até que, finalmente, pôde retornar à sua terra natal sozinho, ou seja, unificado (ver p. 242). Ele recebeu três oportunidades. Para Hipólita, entretanto, o destino previu uma única tentativa.

É interessante notar que os mitos sempre nos repetem que a grande obra só pode ser realizada por aquele que se encontrar em um relacionamento ativo com o sexo oposto. Vemos quão importante é essa constante união em Ulisses, que estaria perdido sem Circe, mas também em Perseu e Atena, Teseu e Ariadne, Dante e Beatriz, Inanna e Ninshubur e muitos outros. Obviamente, a disputa entre homem e mulher é um catalisador irrenunciável para o autoconhecimento e desenvolvimento do Self em cada ser humano. Talvez isso signifique que em vez de nos levar ao sétimo céu, nossos relacionamentos funcionem como uma moldura para importantes fases de desenvolvimento.[11] O mesmo vale não só para a relação entre homem e mulher, mas também para a relação entre o adulto e a criança.

Em todo caso, podemos deduzir das imagens arquetípicas, que a recusa decepcionada de continuar lidando com o sexo oposto ("Estou farto dos homens/mulheres!") identifica-se com estagnação, com becos sem saída e com destruição, mas por certo não leva ao verdadeiro amadurecimento ou à conclusão da nossa tarefa de vida.

No final do caminho masculino do tornar-se consciente, está o autoconhecimento (o Eremita) como seu maior fruto: saber quem realmente somos e qual é o objetivo da primeira metade do caminho (pressuposto irrenunciável para a segunda metade). Nesse ponto, não é preciso escalar maiores alturas. Em vez disso, a mudança inevitável trazida pela Roda da Fortuna, que abre o caminho para o âmago, até o tesouro difícil de encontrar. Mas, se a consciência que se tornou orgulhosa e autoconfiante se recusar a fazer parte dessa mudança, isso se assemelharia a um Sol que se recusasse a se pôr e, em vez disso, seguisse sempre para o Ocidente. Logo ele perderia todo contato com a Terra e se perderia no infinito. Do mesmo modo, pessoas cujo pensamento é estranhamente distante parecem desconectadas e sem familiaridade com a realidade terrena. Elas soam muito articuladas e abstratas, mas sem vida. Parece que elas não concretizaram a mudança e permanecem unilateralizadas. Falta-lhes a profundidade dionisíaca que nos faz sentir o que queremos expressar; falta-lhes a sensualidade que só pode ser desenvolvida no caminho inferior; falta-lhes a paixão, que essa carta representa. Elas perderam o ponto da mudança do caminho ou acharam que para elas valeriam outras regras. Em vez disso, elas precisam inverter o sentido das coisas, literalmente, para crescer em profundidade. Esse é o tema da próxima carta.

---

[11] Ver Hajo Banzhaf e Brigitte Theler. *Du bist alles, was mir fehlt* [Você é Tudo o Que Me Falta], pp. 41ss.

	Palavras-chave para a carta **A FORÇA**
ARQUÉTIPO:	Domar o animal
TAREFA:	Afirmação prazerosa da vida, coragem e compromisso
OBJETIVO:	Alegria de viver, paixão sagrada, encontro com a própria natureza instintiva e com a ferocidade interior
RISCO:	Hibris, endurecimento, brutalidade
DISPOSIÇÃO ÍNTIMA:	Sentir-se muito vivo, comprometer-se apaixonadamente e – quando necessário – também mostrar as garras

O PENDURADO

O Pendurado
A grande crise

O Pendurado normalmente causa uma forte impressão nas pessoas. Quase todos os que pegam essa carta nas mãos pela primeira vez giram a carta algumas vezes até descobrirem a posição certa. Caracteristicamente, o Pendurado aparece pendurado pelo pé, com a cabeça para baixo, em todas as representações clássicas do tarô. Na Idade Média, esse era o castigo dado aos traidores. E, de fato, aqui de certo modo se trata de uma traição: da traição à própria causa, da traição a nós mesmos. O Pendurado representa o beco sem saída em que ficamos empacados, ou a armadilha em que caímos quando estamos no caminho errado. Transposto para a jornada do herói, isso mostra que o herói provavelmente ultrapassou os limites do objetivo da jornada diurna. Ele se recusou a fazer a jornada pela noite e por isso é forçado pelo destino a voltar.

Pelo simbolismo desta carta, percebemos qual é realmente o problema. O Pendurado forma uma cruz com as pernas, enquanto a posição dos braços forma um triângulo. Como o quadrado, a cruz corresponde ao número 4. Junto a essas duas figuras, o quatro tem representado o âmbito terreno desde tempos imemoriais. Por outro lado, o triângulo, bem como o número 3, simbolizam o âmbito divino. Assim, a posição do Pendurado é símbolo do mundo invertido no qual está pendurado; um mundo, em que o divino fica embaixo e o terreno em cima. Em outras palavras: o que é real, o essencial, o significativo está soterrado embaixo do plano terreno e, por isso, o ser humano fica preso nesse ponto. Se encontrarmos alguém nessa terrível situação, por certo lhe daremos o conselho de simplesmente virar-se. Assim, essa pessoa estaria corretamente posicionada no mundo. No resto do caminho, se tratará desse processo de inversão, como mostra a comparação dessa carta com o último dos Arcanos Maiores.

Quando invertemos o 12, o número do Pendurado, obtemos 21. Sabemos que a 21ª carta representa o final da jornada do herói, o reencontro do paraíso e, em um outro âmbito, representa a totalidade alcançada. Se compararmos essas duas cartas, a figura da 21ª carta apresenta-se como o Pendurado invertido. Nela, as pernas cruzadas ficam embaixo, ao passo que os braços abertos acima indicam o triângulo. Da posição estagnada do Pendurado, surge o movimento vivo e dançante da 21ª carta. Desse modo, encontrou-se o caminho do mundo invertido para o mundo real.

Como veremos, o Pendurado representa a impotência diante da Morte – a carta seguinte – e o confronto cada vez mais necessário com esse destino inevitável. Enquanto nos recusarmos a olhar para ela e tentarmos reprimir todo pensamento sobre ela, permaneceremos na posição do Pendurado e mais cedo ou mais tarde nos transformaremos na morte (ainda) vivos. Ainda assim,

O Pendurado e sua inversão O Mundo. Do 12 surge o 21, da estagnação surge o movimento, do mundo invertido surge o mundo real.

o caminho da iniciação que começa neste ponto permite que nos tornemos livres e vivos de verdade, pessoas que convivem com a morte por meio das experiências da carta seguinte. Ninguém é livre enquanto temer a morte, disse Martin Luther King.

O Pendurado representa todas as crises que nos obrigam a mudar o caminho, e, portanto, também a crise central da metade da vida, a crise da meia-idade. Essa expressão moderna dá a impressão de que é uma invenção do século XX, mas isso está longe de ser verdade. A crise da mudança de vida, como se diz mais apropriadamente, é conhecida há muito tempo. Com ela, Dante dá início à sua *Divina Comédia*: "Da nossa vida, em meio da jornada, achei-me numa selva tenebrosa, tendo perdido a verdadeira estrada"[1] diz a primeira frase dessa maravilhosa descrição de uma jornada pelo mar noturno.

Não dá para descrever melhor o conteúdo desta carta. Há pouco acreditávamos que tudo estava em ordem, que tínhamos tudo sob controle, e agora isso! Assim, ou de modo parecido, começa a maioria dos contos. Naturalmente, apenas julgávamos ter tudo sob controle. Mas isso não era o presente real, muito menos o futuro. Podemos ter o passado sob controle e, naturalmente, todas as ideias que temos sobre a realidade e o futuro nas quais acreditamos. Contudo, a vida sempre toma a liberdade de se desenvolver de modo totalmente diferente do que imaginamos ou que havíamos calculado com tanta beleza. Essa exclamação profundamente perplexa "... e agora isso!" mostra como inesperadamente somos surpreendidos pela mudança de vida (e por outras crises). A esse respeito afirmou Jung: "O pior de tudo é que pessoas inteligentes e cultas vivem sua vida sem conhecerem a possibilidade de tais mudanças. Entram inteiramente despreparadas na segunda metade de suas vidas."[2] Na opinião dele, deveria haver escolas para quarentões que os preparassem para a vida que está por vir e suas exigências. Elas não pareciam ser

---

[1] Dante Alighieri. *Die Göttliche Komödie*. "Inferno" em *A Divina Comédia*. Cultrix, São Paulo, 1965 (fora de catálogo)].
[2] C. G. Jung. *Die Dynamik des Unbewussten (Band 8)*. [*A Natureza da Psique*. Obras Completas, vol. 8/2 §784.]

Dante perdido na floresta. Início de
A Divina Comédia.

necessárias no passado, naquela época em que as religiões ainda eram fortes o bastante para oferecer ajuda abrangente para todas as fases da vida.

Mas tudo isso não significa que o sentido desta carta se reduza à crise da meia-idade. Ela representa, naturalmente, todas as crises nas quais ficamos presos, que se tornam verdadeiras provas de paciência e nos obrigam a uma mudança de atitude ou de direção.

Contudo, ela não quer dar a falsa impressão de que é possível evitar essas crises com esperteza, devoção ou um comportamento exemplar. Jung diz, como se descrevesse esta carta: "Aquele que se encontra a caminho da totalidade não pode escapar desta estranha suspensão representada pela crucifixão. Com efeito, ele encontrará infalivelmente aquilo que atravessa o seu caminho e o cruza, isto é, em primeiro lugar, aquilo que ele não queria ser (a sombra), em segundo lugar, aquilo que não é ele, mas o outro (a realidade individual do tu) e em terceiro lugar, aquilo que é seu 'não-eu' psíquico, o inconsciente coletivo". E pouco adiante, ele acrescenta: "O encontro com o inconsciente coletivo é determinado pelo destino; o homem natural nem suspeita de sua existência até que um dia se vê mergulhado nele".[3]

Com frequência, essa crise é despertada por um medo primordial, que Karlfried Graf Dürckheim descreve como a necessidade tríplice de todos os seres humanos:[4] o medo da destruição (morte ou ruína), o medo da solidão desoladora ou o medo desesperador sobre o sentido da vida. Este último medo é especialmente traiçoeiro, porque somente poucos o esperam. Mas é exatamente um profundo sentido da vida que nos permite permanecer em pé nas mais duras crises; as pequenas crises, ao contrário, podem ser vividas como insuportáveis por nos parecerem sem sentido e absurdas.

---

[3] C. G. Jung. *Praxis der Psychotherapie (Band 16) – Spezielle Probleme der Psychotherapie*. [*Ab-reação, Análise dos Sonhos e Transferência*. Obras Completas, vol. 16/2 §470.]

[4] Ver Karlfried Graf Dürckheim. *Meditieren – wozu und wie* [Meditar – Para Que e Como], p. 36.

Mas é exatamente aqui, perto do final do segundo terço do caminho, em cujo percurso se tratava do desenvolvimento do Ego, que nos aguarda a grande crise do sentido. Tudo ia indo tão bem. Havíamos desenvolvido um Ego sadio e alcançado todos os seus objetivos significativos: automóvel, moradia, sucesso, uma boa conta bancária, um belo marido, uma esposa maravilhosa, uma família feliz. Gozamos de boa fama, nos sentimos importantes e nos saímos realmente "bem". Era o que nós pensávamos! Talvez até tenhamos tornado o sonho da nossa vida numa "ilha da fantasia"; acreditamos seriamente que podemos "sair" dela. E, de repente, constatamos, assustados, que estamos presos no meio dela e que não existe saída. Subitamente, percebemos como o gosto de tudo é insosso. Tentamos nos anestesiar ou conseguir a mesma sensação de antes em doses cada vez maiores. Mas a certeza de que nada ajuda é cada vez mais forte. Agora, que temos praticamente tudo, nos vemos subitamente vazios e vemos, com desespero, que só nos espera a morte. Isso é terrível! E esse problema piora cada vez mais, porque acreditamos poder responder às novas perguntas com as velhas respostas, aparentemente eficazes. Mas Jung nos leva a refletir: "Não podemos viver a tarde de nossa vida segundo o programa da manhã, porque aquilo que era muito na manhã será pouco na tarde, e o que era verdadeiro na manhã será falso no entardecer."[5]

O pesquisador da consciência, Ken Wilber, também descreve o segundo plano dessa crise de maneira bastante enfática: "Nós nos identificamos com o nosso corpo, com o nossa mente e com a nossa personalidade e julgamos que esses aspectos são nosso "Self" real, e então passamos toda a nossa vida tentando defender, proteger e prolongar o que é uma mera ilusão".[6] Mas ele também ressalta como essas crises são valiosas: "Ao contrário da opinião da maioria dos peritos, essa contundente insatisfação com a vida não é sinal de um transtorno mental nem o indício

---

[5] C. G. Jung. *Die Dynamik des Unbewussten (Band 8)*. [*A Natureza da Psique*. Obras Completas, vol. 8/2 § 784.]
[6] Ken Wilber. *Wege zum Selbst*, p. 82. [*A Consciência sem Fronteiras*. Cultrix, São Paulo, 1991 (fora de catálogo).]

O Pendurado no Tarô de Marselha está pendurado pelo pé esquerdo

O Pendurado no Tarô Rider-Waite-Smith está pendurado pelo pé direito

de uma adaptação social insuficiente, e tampouco um distúrbio de caráter. Pois, oculto nessa insatisfação básica com a vida e a existência, está o embrião de uma inteligência em desenvolvimento, de uma inteligência extraordinária que em geral está enterrada sob o peso imensurável da hipocrisia social".[7] O sofrimento ajudará essa inteligência especial a alcançar uma ruptura, motivo pelo qual as pessoas evitam, menosprezam ou falham em tomar conhecimento disso. Mas, na mesma medida, não devemos glorificar o sofrimento, apegarmo-nos a ele ou dramatizá-lo, mas usá-lo como impulso para o percepção.

Como situações desse tipo nos pegam na maioria das vezes pelo lado esquerdo, isto é, pelo lado inconsciente, o Pendurado está pendurado pelo pé esquerdo nas antigas cartas de tarô. Waite foi o primeiro a mudar esse simbolismo, a fim de explicar que pode haver boas razões para adotar essa posição conscientemente (lado direito).

---

[7] Ken Wilber. *Wege zum Selbst*, p. 114. [*A Consciência sem Fronteiras*. Cultrix, São Paulo, 1991 (fora de catálogo).]

A IMPERATRIZ
Desenvolvimento e crescimento na plenitude exterior.

O PENDURADO
Formação de raízes e crescimento na profundidade.

O Pendurado sempre significa que estamos no final de um caminho e que temos de regressar; que temos um modo de ver equivocado e que é preciso inverter nosso modo de pensar; que uma situação estagnou porque deixamos de ver algo importante ou o esquecemos. E, além da disposição de mudar nosso modo de pensar, é necessário ter paciência, muitas vezes muita paciência. Essa carta também foi muitas vezes interpretada como o sacrifício, porque a crise que ela representa, na maioria das vezes, exige a desistência de uma postura à qual nos familiarizamos, uma expectativa compreensível ou uma conclusão inevitável para que a vida possa continuar. Diante desse segundo plano, a apresentação modificada de Waite estimula a não esperar até que o destino nos obrigue a uma mudança de direção, mas a adotar essa postura de forma consciente, para que desse ângulo de visão totalmente modificado, a posição sobre a cabeça, possamos descobrir verdades valiosas. Por isso, a cabeça do Pendurado é envolta por uma auréola, como sinal de que lhe surgiu uma luz.

Também é objetivo dessa carta a formação das raízes e o seu crescimento na direção das profundezas internas, um significado que complementa a carta da Imperatriz, com a qual está ligada pela soma transversal e que, por sua vez, representa o crescimento em sua plenitude exterior.

Em um âmbito profundo, essa carta representa uma pessoa que se oferece voluntariamente ao sacrifício. A cruz em forma de T é uma indicação da letra grega Tau (T), cujo correspondente hebraico Thau (ת) se assemelha ao cadafalso na carta do Tarô de Marselha. Em épocas bíblicas, no entanto, a letra hebraica ainda tinha a mesma forma da letra grega[8] e valia como sinal dos escolhidos. Era a marca de Caim e, ao contrário da crença popular, não era uma marca vergonhosa, mas o sinal daqueles que Deus colocou sob sua proteção especial (Gênesis 4:15). Até o tempo dos juízes, era tatuado na testa dos membros da linhagem dos israelitas como uma marca real: dessa série de membros, era escolhido o rei sagrado, que se sacrificava pelo seu povo ao final do seu reinado.

Combinadas entre si, as cartas XII e XXI, o Pendurado e o Mundo, resultam num Ankh, a antiga cruz egípcia composta de um círculo e um bastão. Na união desses símbolos do feminino e do masculino, os egípcios viam o sinal da vida. Mover-se da carta O Pendurado (XII) até o Mundo (XXI) e unir esses dois polos são a grande tarefa que nos é apresentada. Amarrados na cruz terrena (o Pendurado), sentimos um anseio profundo pelo paraíso (o Mundo). Algo em nós capta o chamado do Self, que quer levar o nosso Ego até a totalidade – e, em um âmbito superior, à unidade de todas as coisas. Se a pessoa seguirá esse chamado ou se entrará por esse portal de iniciação, fica em aberto. E mesmo se o fizer, não existe garantia de que alcançará o objetivo. Ainda assim, ela também é livre para continuar "pendurada". A "seção obrigatória" da jornada termina com a carta seguinte, a Morte. É certo que todos nós, sem exceção, chegaremos neste ponto. Se o caminho termina aí, ou continua além até o Superior, depende de cada indivíduo. Pois o Self, que deve ser

---

[8] Ver Robert von Ranke-Graves. *Die Weisse Göttin* [A Deusa Branca], p. 210.

O Mundo e o Pendurado formam juntos a Ankh.

alcançado como objetivo da vida – como enfatiza Emma Jung – "não está pronto, mas existe como uma possibilidade disponível para nós e só pode se tornar manifesto ao longo de um determinado processo". Mas não existe garantia de que o Self será "realizado ao longo do processo natural e biológico da vida natural. Parece haver muitas vidas em que não se chega a isso".[9]

---

[9] Emma Jung e Marie-Louise von Franz. *Die Graalslegende in psychologischer Sicht*, p. 141. [*A Lenda do Graal*. Cultrix, São Paulo, 1990 (fora de catálogo).]

Palavras-chave para a carta
O PENDURADO

ARQUÉTIPO:	A prova
TAREFA:	Mudança de caminho, visão e disposição de fazer um sacrifício
OBJETIVO:	Crescimento na profundeza
RISCO:	Ficar em suspenso, andar em círculos
DISPOSIÇÃO ÍNTIMA:	Estagnar sem ver saída na rotina da vida ou em um lugar errado. Crise existencial. Criar os próprios obstáculos, vida sem sentido, esgotamento, exercício da humildade, prova de paciência

A MORTE

A Morte
A descida ao submundo

Em uma história zen, o mestre adverte seu discípulo, à beira da morte: "A morte é uma experiência interessante, porém o medo apenas estragará essa experiência".[1] O mesmo vale para a Morte, uma das mais temidas cartas do tarô – e, ao mesmo tempo, uma das mais incompreendidas. Ela representa o fim natural, uma força que se esgotou e precisa se regenerar. Em todo o caso, essa carta significa que uma fase chega ao fim e que é hora de dizer adeus. Não podemos recusá-la, quer temamos essa despedida ou talvez já a esperemos desejosamente há muito tempo.

As pessoas representadas na carta olham ou se dirigem para a esquerda. O lado esquerdo é o oeste, o ocaso, o escuro, o fim, a noite. Em comparação, a Morte cavalga para a direita, para o leste, para uma novo amanhecer. Essa também é a direção do vento e a direção para a qual vai o faraó na barca dos mortos, que pode ser vista no rio. No leste, o Sol imortal mostra-se por trás das torres singelas, os prenúncios da Jerusalém celestial que tornaremos a encontrar na 18ª carta. Por meio da direção desses movimentos, a carta simboliza que nós, seres humanos, só vemos o escuro nessas fases e temos diante dos olhos apenas o extermínio, o fim, o nada absoluto, enquanto o verdadeiro sentido dessa experiência está em passar por um profundo processo de transformação, em chegar a uma nova manhã, em conquistar uma nova vivacidade.

Mas essa indicação não deve animar-nos a interpretar, com aparente esclarecimento, a carta da Morte como o início de algo novo e, precipitadamente, encobrir a noite que fica entre o anoitecer e a manhã. A morte significa despedida e fim. E

---
[1] Janwillen van de Wetering. *Das Koan* [O Koan], p. 40.

Sem a verdadeira solução, tornamos a cair no estado do Pendurado.

somente quando essa despedida é realizada, quando o velho realmente terminou, são apresentados os pressupostos para a mudança. Hermann Weidelener,[2] um professor alemão, esclarece o que significa o ato de se despedir quando nos intima a sempre perguntar se concluímos o que um lugar pede de nós antes de o deixarmos. Só com a consciência dessa realização podemos retomar o caminho com dignidade. Mas se ficarmos devendo essa realização, nossa saída é uma fuga. Em vez disso, tendemos a correr de um espaço para outro, levados sempre pela esperança de encontrar algo melhor, mais excitante ou satisfatório. Depressa escancaramos uma porta depois da outra, sem fechar a que ficou para trás; ainda menos fazemos a nós mesmos a pergunta sobre a realização. Estamos sempre fugindo de nos despedir e, nessa fuga, existe uma maldição. Nesse ponto, a exigência é a seguinte: um desapego autêntico como pressuposto irrenunciável, para que possa surgir algo realmente novo. O desapego autêntico significa despedir-se com toda a

---

[2] Hermann Weidelener. *Die Gotten in uns* [Os Deuses em Nós], p. 68.

atenção. A solução, que nos liberta da situação de impasse da carta precedente, o Pendurado, sempre pressupõe que em primeiro lugar nos libertemos do velho, sem com isso olhar de esguelha para o novo. Sem uma verdadeira solução não existe uma verdadeira mudança. Em vez disso, tornamos a cair sempre na situação precedente do Pendurado e ficamos oscilando entre essas duas cartas, para lá e para cá.

Esse estado pode ser facilmente comparado com um arranhão em um disco, em que ficamos ouvindo interminavelmente o mesmo trecho da música. Na vida, sempre que tivermos a sensação de estar presos em um "disco quebrado" e de termos sempre a mesma experiência, podemos seguramente dizer que estamos no Pendurado evitando a Morte. A correlação típica para isso são todas as situações em que nós mesmos criamos nossos obstáculos, em que fugimos repetidamente dos passos importantes do desenvolvimento. Se não ousamos dá-los por timidez ou pelo medo de fracassar ou nos culpamos por não nos sentirmos capazes de dar esse passo, não faz grande diferença. Em determinado caso, o nosso Ego é fraco demais; no outro, é cheio de si. Mas em cada um desses casos – mesmo quando somos tímidos demais – nos damos demasiada importância e com isso pomos obstáculos em nosso caminho. Sobre isso diz o *Tao-te-King*:

> *Quem fica na ponta dos pés, não está firme.*
> *Quem anda com passos largos, não vai em frente.*
> *Quem quer brilhar, não fica iluminado.*
> *Quem quer ser alguém, não se torna grandioso.*
> *Quem se vangloria, não realiza as obras.*
> *Quem se enaltece, não será enaltecido.*[3]

Por isso, neste ponto vale a pena superar o Ego; por isso, precisamos aprender a não nos dar tanta importância e deixar o nosso Ego de lado (que trabalhamos tanto para desenvolver), para que o caminho para os futuros desenvolvimentos fique livre.

---

[3] *Tao-te King*, verso 24.

Um desses "riscos no disco" também é um motivo central de *A História sem Fim*, a maravilhosa jornada do herói Bastian Balthasar Bux. Bastian é um menino gorducho que está sentado no sótão da escola e lê o livro *A História sem Fim*. E quanto mais ele lê, tanto mais é atraído para dentro da história. (Quanto maior for o tempo em que lemos o livro da nossa vida, tanto maior a profundidade com que somos atraídos para a vida.) E, de repente, ele é intimado pela história a saltar para dentro dela, pois sem ele ela não poderá continuar. Mas Bastian não tem coragem, ele fica com medo. E, imediatamente, a história volta ao início e é narrada outra vez, e outra vez, até chegar ao momento em que ele tem de saltar para dentro dela. Por fim, ele cria coragem. Bastian salta para a Fantasia, é assim que se chama o submundo em *A História sem fim*; e assim a ação continua.

O *hamster* que gira na roda é outra imagem que representa bem um correr sem sair do lugar, simbolizada pelo Pendurado. Com o prazer, a alegria de viver e o entusiasmo da carta da Força, começamos muitas ações, que subitamente se transformam em um giro contínuo e sem sentido (o Pendurado), como a roda do *hamster*. Mas nós não entendemos o que aconteceu, por que aquilo que antes nos dava tanta alegria e nos fazia florescer de energia, de repente se transformou nesse correr sem sair do lugar. Em vez de buscar uma solução real, como talvez sair da roda pela lateral, tentamos o duvidoso método descrito por Paul Watzlawick de oferecer "mais da mesma coisa",[4] aumentamos cada vez mais a velocidade, continuamos a girar e nos fatigamos cada vez mais na roda da loucura. Então, quando uma força exterior (Morte) subitamente detém a roda, a princípio ficamos muito perplexos, como o *hamster* também ficaria. Desnorteados, tentamos fazer a roda girar mais algumas vezes, antes de abandoná-la com o coração pesado, com a firme convicção de que tudo acabou. Mas, com um certo distanciamento, conseguimos talvez reconhecer o absurdo de tudo isso e compreender de repente que nos escravizamos numa situação fútil.

---

[4] Ver Paul Watzlawick. *Vom Schlechten des Guten* [Do Mal no Bem], p. 23.

Só com esse distanciamento entendemos como a Morte não só nos trouxe uma solução, mas uma verdadeira redenção.

O Pendurado corresponde também a um fruto que amadureceu na árvore e que precisa cair a fim de gerar nova vida e novos frutos. Esse deixar-se cair é vivido pelo fruto como a morte. Se ele se recusar a cair, ficará pendurado na árvore e ali apodrecerá aos poucos, sem ter gerado nova vida. Mas ele também não pode com isso evitar o seu fim; ele apenas ficou estéril.

Aplicada ao ser humano, essa imagem significa que ninguém nos obriga a aprender com as nossas crises. Mas quando vivemos o Pendurado como nossa crise da meia-idade, ele pode valer para toda a segunda metade da nossa vida. Se falharmos em procurar a resposta para a crise da mudança de vida e nos contentarmos com lamentações, queixas e dores, poderemos passar o resto da vida com isso. Nesse caso, um belo dia a morte significará o fim da jornada e, ao mesmo tempo, o fim da vida. Mas também temos a possibilidade de aprender com as nossas crises, de nos desapegarmos e experimentar a morte como um tema central na metade da nossa vida, da qual só então surgem os aspectos essenciais. Este é o motivo pelo qual a carta da Morte aponta para o meio do caminho e não para o seu fim.

Essa abordagem se assemelha à visão de mundo das culturas antigas, como a dos celtas, cujos druidas o poeta romano Lucano disse: "Se os seus cantos contêm verdades, a morte é apenas a metade de uma longa existência".[5] Nessa correlação também devemos compreender a mensagem: "Se você morre antes de morrer, não morrerá quando morrer". Por esse motivo, os sábios de várias nações sempre afirmaram que o encontro e o confronto com a morte era o tema central de sua vida e sempre enfatizaram que o ser humano tem de morrer e renascer, para poder reconhecer a realidade. Quando a Bíblia diz: "Ensina-nos a contar os nossos dias, para que alcancemos um coração sábio" (Salmos 90:12), talvez o nosso Ego prefira entender isso

---

[5] Lancelot Lengyel. *Das geheime Wissen der Kelten* [A Sabedoria Secreta dos Celtas], p. 24.

no sentido inverso como: "Ensina-nos a ser tão espertos, que acreditemos não mais precisar morrer!"

Em tudo isso não podemos nos esquecer que mudanças profundas levam tempo. Trata-se aqui da descida ao submundo. A volta para a luz, o nascimento do novo só acontece seis cartas adiante com a 19ª carta, o Sol. Essas cartas correspondem uma à outra como a noite e o dia.

Em ambas as cartas, vemos um cavalo claro. Na carta da Morte, trata-se do quarto cavalo do Apocalipse (Apocalipse 6:8), o corcel lívido cavalgado pela morte. O Sol, ao contrário, nos mostra o cavalo branco, o cavalo imperial, que é cavalgado pelo herói renascido. Na carta da Morte, o Sol se põe,[6] enquanto brilha com todo o seu esplendor na carta do Sol. Na carta da Morte, quem cavalga é um esqueleto; na carta do Sol, uma criança. (Em virtude dessa transformação, podemos imaginar que existe uma fonte da juventude entre essas duas cartas, caso contrário esse rejuvenescimento não teria explicação. Nós a encontraremos na 17ª carta.). A criança brande um tecido da cor vermelha, da vida; a Morte, ao contrário, carrega uma bandeira preta. Todavia, a rosa mística branca é um símbolo de vida, na verdade uma indicação da fase renovadora de vida que a Morte introduz. A pena no elmo da Morte pende flacidamente para baixo; a que está na cabeça da criança está reta, em pé. Tudo isso mostra como essas duas cartas estão interligadas uma com a outra, e que simbolizam os dois polos da morte e do vir a ser. Elas representam a descida ao submundo (Morte) e a volta à luz (Sol); entre elas está a jornada pelo céu noturno.

As cartas 13 a 18 também são chamadas de cartas noturnas. Elas têm motivos sombrios como a Morte, o Diabo e a Torre, ou símbolos da noite, como a Lua e a Estrela. Apenas a carta da Temperança parece, num primeiro olhar, estar fora de lugar

---

[6] O Sol poente corresponde ao tema da carta. Outros comentários a interpretam como o Sol que nasce. Um argumento favorável a essa afirmação é que o Sol pode ser visto no Oriente, mas a carta em si mesma não representa uma nova manhã. Em todo caso, o Sol está no horizonte, em contraste com o Sol a pino visto na carta o Sol.

Os dois polos do "Morra e torne-se".

nessa companhia sombria. Mas logo a conheceremos como uma força indispensável no submundo. Ela corresponde ao condutor de almas, descrito em várias culturas nos livros dos mortos. E como em nossa tradição cristã ocidental os condutores de almas são anjos, a carta mostra um anjo.

O motivo da jornada para o além, a jornada pelo oceano noturno, em todas as religiões e tradições dos povos orientais e ocidentais, não só é conhecida como concorda sem exceção com todos os pontos essenciais do caminho. Todas essas culturas "contemplam a morte como uma jornada com o objetivo de conquistar novamente o cerne verdadeiro do ser, mesmo se essas

A descida ao inferno ou a jornada do herói pelo céu noturno.

A deusa do céu, Nut.

O pássaro da alma se eleva do corpo do falecido.

jornadas levarem temporariamente ao céu ou ao inferno ou à volta em um novo corpo; também há unanimidade em que só é sábio quem tem consciência da morte, e que é necessário preparar-se para ela moral, espiritual e imaginativamente – se quisermos morrer bem."[7]

Para observarmos o que essa jornada pelo oceano noturno nos traz, vamos dar uma olhada no submundo dos egípcios, pois nenhum outro povo deixou tantas e tão impressionantes imagens daquilo que os sábios viam nos mundos do além. Vemos como a alma se eleva do corpo do falecido. Ela, se chama Ba e é representada por um pássaro, que então começa a jornada.

O falecido é velado por divindades protetoras como a deusa do céu, Nut, ou a deusa escorpião, Selket, enquanto Anúbis, com cabeça de

A deusa protetora Selket.

---

[7] Carol Zaleski. *Nah-Toderlebnisse und Jenseitsvisionen* [Experiências de Quase Morte e Visões do Além], p. 40.

chacal ou Upuaut (com cabeça de lobo), como condutor de almas conduz Ba pelo caminho através do além, até Maat, a deusa egípcia da justiça.

Maat sempre é representada com a pena de um avestruz. Essa pena sozinha já vale como sinal da presença da justiça divina. No salão que tem o nome da deusa, o salão de Maat, acontece a prova decisiva, o julgamento dos mortos.

Vemos como Anúbis, na função de condutor das almas, leva o falecido até o salão. No prato esquerdo da balança, encontra-se um recipiente com o coração do morto; no prato da direita, a pena, símbolo de Maat e da justiça insubornável, absoluta. Também no centro da balança, pode-se ver o seu símbolo. Anúbis lê o resultado dos ponteiros e o participa ao escriba

Maat, a deusa da justiça.

A pesagem do coração no salão de Maat.

Anúbis realiza o ritual de abertura da boca.

colocado à sua direita. Trata-se do deus Thoth, deus egípcio da sabedoria, o guardião dos registros do submundo que escreve o resultado. Se o peso do coração do morto for igual ao da pena – o ponteiro da balança se assemelha a um fio de prumo –, então o morto está "no prumo", viveu corretamente e deve ir para Osíris, o senhor do reino dos mortos. Mas se, ao contrário, seu coração for leve ou pesado demais, ele falhou e está perdido. Exatamente por isso o monstro aguarda junto à balança. O devorador, como os egípcios o chamavam, poderia engolir o coração para sempre. Na cena apresentada, o morto passou na prova. Por isso, na metade direita do quadro vemos Hórus levá-lo até Osíris, e atrás do trono estão Ísis e Néftis que o saúdam. No reino de Osíris, ele ficará até Anúbis envolvê-lo com o hálito da vida, no ritual da abertura da boca, para que possa voltar ao mundo superior.

Assim, a balança como símbolo do equilíbrio é o tema central no submundo egípcio. No tarô, encontramos o equilíbrio correspondente na carta da Temperança. O espaço equivalente dessa jornada pelo submundo está no salão de Maat, a deusa da justiça, cujo sinal é a pena. Nas cartas dos Arcanos Maiores, só três figuras portam uma pena na cabeça: o Louco, a Morte e a criança na carta do Sol.

Essas três cartas estão ligadas em vários planos. Em primeiro lugar, o Louco é o herói que precisa descer ao submundo

Três cartas que estão interligadas pela pena.

pela carta da Morte, e que, com a carta do Sol vê novamente a luz do dia. A pena é uma indicação das provas intermediárias, que correspondem ao que ocorre no salão de Maat. Uma outra ligação entre as cartas do Louco e do Sol está nos atributos das duas figuras, que se parecem, mas que, no entanto, são totalmente diferentes: o infantil e o sábio, o ingênuo e o puro. Entre elas está a Morte como pressuposto inevitável para essa transformação essencial. Do mesmo modo, na carta do Louco, o Sol ingênuo e branco encontra seu polo oposto na carta da Morte (seu nigredo alquímico) e por isso pode brilhar como o ouro imortal na carta do Sol.

Nossa tradição judeu-cristã conhece a jornada pelo mar noturno sobretudo através da história bíblica de Jonas, que foi engolido por uma baleia (Jonas 1:3). Para começar, Jonas recebe uma incumbência de Deus: "Levanta-te, vai a Nínive, a grande cidade, e anuncia contra ela que a sua maldade chegou até Mim!" (Jonas 1:2) (Isso significa: ameace-os com a punição). Como sua tarefa, esse mandamento corresponde à carta da Roda da Fortuna. O que Jonas faz? Ele faz o que todos preferimos fazer, quando nos encontramos pela primeira vez com um aspecto da nossa missão de vida. Ele foge.

Em geral, imaginamos que nossa tarefa de vida é algo elevado, significativo e agradável, e muitos pensam cheios de anseio: "Ah, se eu soubesse qual é minha verdadeira missão de vida", sobretudo se a imaginamos no campo de nossos talentos e forças. Mas a tarefa sempre é tornar-se inteiro, e, para isso, precisamos lidar por bem ou por mal com nosso polo oposto, com nosso lado inferior, primitivo, pegajoso e estranho, até então deixado de lado e muitas vezes desprezado (veja p. 110 ss.). Mas se encontramos os temas ligados a ele, imediatamente ficamos revoltados e os recusamos com um zangado: "Tudo, menos isso!" Poderíamos dizer que sempre que gritamos do fundo da nossa alma: "Tudo, menos isso!", com toda a certeza encontramos uma pedra do mosaico que compõe nossa missão de vida.

Assim também pensou Jonas: "Eu? Ir a Nínive? Nunca! Eu não sou maluco! Com certeza, eles vão me matar. Tudo, menos isso!" e, em vez disso, ele parte a bordo de um navio na direção exatamente contrária, a Grécia. Uma tal recusa de seguir a ordem divina era chamada pelos gregos de *hibris*, que significa arrogância pessoal e insolência desafiadora. Como vimos na 11ª carta, um sacrilégio como esse está no espectro de significado da carta da Força. Segundo a concepção grega, trata-se antes de tudo desses delitos que os deuses punem imediatamente, e assim, também no caso de Jonas o castigo não se fez esperar na forma do Pendurado. Existe uma armadilha mais sem saída do que um navio que corre perigo no mar? Aconteceu exatamente isso com ele. Indecisos e mortos de medo, os marinheiros deitam a sorte para descobrir de quem é a culpa dessa desgraça. Ela recai sobre Jonas que, sincero, logo se mostra arrependido, confessa e assume a culpa pela desgraça. Pelo fato de ter-se recusado a cumprir o mandamento de Deus, ele está disposto a morrer e, assim, depois de hesitar um pouco, os marujos o lançam ao mar. Mas, em vez de morrer afogado na correnteza como ele esperava, Jonas foi engolido por uma baleia, em cujo ventre ficou três dias e três noites (o período típico de uma jornada pelo mar noturno) antes de ser cuspido em terra pelo animal. Depois desse período de purificação, Jonas está pronto a aceitar o comando de Deus e a cumprir sua missão de vida.

Por meio das cartas de tarô, essa história pode ser recontada muito bem. Porém, como a Bíblia somente nos dá a oração que Jonas pronunciou no ventre da baleia, e não fala sobre o que ele vivenciou ali, não encontramos correlações da 14ª até a 18ª cartas.

Com a 13ª carta, chegamos ao fim do segundo terço do caminho, cujo percurso trata do desenvolvimento e da superação do Ego e, portanto, da submissão do Ego ao Self.

Marie-Louise von Franz diz, como se estivesse descrevendo o Pendurado: "Sempre que a personalidade consciente do animal entra em conflito com o processo interior de crescimento, ela sofre uma crucificação". [...] "A teimosia da personalidade consciente precisa morrer e se submeter ao processo interior de crescimento."[8] É por isso que esta etapa significa a superação do Ego, não um egocídio mas um "assassínio" do Ego, por assim dizer. O Pendurado nos desgasta e nos deixa prontos para esse propósito. Mas não devemos chegar à conclusão apressada de que as forças do Ego não desempenham mais nenhum papel no resto do caminho. No sentido positivo, elas estão a serviço do Self, o símbolo do todo maior. Elas também podem se reagrupar de modo problemático, sedento de poder e, assim, interromper o processo de transformação a qualquer tempo.

Jonas, que é engolido pela baleia. Um motivo típico de uma jornada pelo céu noturno.

---

[8] Marie-Louise von Franz. *Der Schatten und das Böse im Märchen* [A Sombra e o Mal nos Contos de Fadas], pp. 50 e 51.

| Ordem de Deus (Roda da Fortuna); | Hibris (Força); | Navio em perigo (Pendurado); | Lançado ao mar (Morte); | Proteção e direcionamento (Temperança); | ? | Retorno à terra (Sol). |

As cartas do tarô unem o Imperador e a Morte por meio da soma transversal e mostram com isso o efeito recíproco desses dois princípios. Enquanto o Imperador constrói estruturas e ergue os muros do Ego sentindo o processo, aqui se trata da sua dissolução e superação. O Ego sempre estabelece limites, limites entre o eu e o não eu, entre o Ego e a Sombra, entre mente e corpo, entre Deus e homem, entre o bem e o mal e assim por diante. Neste ponto, deveríamos ou temos de reconhecer que, em última análise, esses limites são falsos. Originalmente, eles têm seu valor, sua função e sua justificação, pois eles servem à construção do Ego, que tem de se diferenciar dos outros para vir a existir. E, contudo, todos os limites são falsos e arbitrários.[9] Por isso não devem tornar-se duradouros. Sempre que chegamos a esse ponto do caminho, temos de dissolver e superar limites a fim de dar lugar a uma experiência gradualmente ampliadora. O Pendurado nos desgasta até que estejamos dispostos a fazer o sacrifício de ultrapassar esses limites.

Da conexão que ambas as cartas têm entre si, depreende-se uma outra afirmação. Neste ponto da jornada, nós alcançamos definitivamente o limite do que é possível realizar (Imperador = fazer e poder). A partir daí, nada mais nos pode ser forçado. Tampouco podemos nos fazer adormecer ou nos obrigar a dormir, velar sobre o nosso próprio sono ou observarmo-nos

---

[9] Ver Ken Willber. *Wege zum Selbst*. [*A Consciência sem Fronteiras*. Cultrix, São Paulo, 1991 (fora de catálogo).]

O IMPERADOR	A MORTE
A construção de uma estrutura.	O fim de uma estrutura.

dormindo. Tudo isso são tentativas de controle do Ego, nas quais ele fracassará. Nós podemos criar as pré-condições, podemos praticar a arte do deixar acontecer e – como durante o sono – confiar que passaremos para um outro estado.

Desde a Antiguidade, o ser humano teme tudo o que põe a vida em perigo e enobrece muito mais o que intensifica a vida. Tânatos, a morte, e Eros, como energia vital, são os representantes desses dois polos no mundo mítico dos gregos.[10] A magia primitiva sempre tentou banir o polo da morte e evocar o polo da vida. Hoje fazemos o mesmo, na medida em que nos calamos tanto quanto possível sobre o tema da morte e o transformamos em tabu, enquanto exaltamos tudo o que intensifica a vida no cinema e na televisão, na propaganda e no consumo, no culto ao corpo e na adoração à juventude eterna. Nos Arcanos Maiores, esses opostos são encontrados nas cartas da Força e da Morte,

---

[10] Eros, que aqui é equiparado à carta da Força e não à carta do Enamorado, precisa ser entendido em sua forma original como a força primitiva, assim como o descrevem as antigas tradições gregas, como o deus da criação, que somente vários séculos depois foi rebaixado ao infante Cupido com seus dardos.

Eros (A Força XI) e Tanatos (A Morte XIII), polo da vida e polo da morte, entre os quais o homem é crucificado (O Pendurado XII).

entre as quais está o Pendurado, desde que mantenhamos a carta a Força no décimo primeiro lugar original

O ser humano é crucificado (o Pendurado) entre as polaridades da morte (a Morte) e da vida (a Força). Com o avançar da idade, o Ego vai se tornando cada vez mais consciente da sua transitoriedade e do fato de não poder fugir da morte. Em seu desespero, ele sempre tenta evocar o polo da vida, a fim de desviar-se do destino inevitável. Sobre isso, diz Elias Canetti: "Cada pessoa é para si mesma um digno objeto de queixa. Cada pessoa está teimosamente convencida de que não deve morrer".[11]

Por meio de um programa de atividades, do esporte, da sexualidade e das diversões de todo tipo, nos esforçamos para experimentar o prazer, constantemente provando a nós mesmos nossa vivacidade inquebrantável para evitarmos – tanto quanto possível – olhar na outra direção, olhar para o vazio que o Ego tem tanto horror.

Terapias breves são muito populares hoje em dia, pois seduzem seus pacientes a acreditar em curas rápidas, ostentando seu

---

[11] Elias Canetti. *Masse und Macht* [O Povo e o Poder], p. 526.

A Morte indica a direção.

sucesso e aparente superioridade em relação aos métodos terapêuticos transpessoais que levam mais tempo e são mais profundos.

Muitos desses procedimentos rápidos motivam as pessoas emocionalmente depressivas a fazerem algo excitante, e se essa centelha acende o fogo interior, então, durante certo tempo, elas de fato se sentem bem. Mas, como mostram as cartas do tarô, o caminho do Pendurado para a Força é um retrocesso. Por isso, uma dose cada vez maior da Força é necessária para evocar a polaridade da vida porque a certeza da morte bate com cada vez mais força às portas da consciência. Mais cedo ou mais tarde, a via nos obriga, tão inevitável quanto inexoravelmente, a continuar na outra direção e a olhar de frente para o inevitável, para a morte e a transitoriedade.

Portanto, não importa quão inteligente, refletida ou abrangente seja nossa ideia da morte. O que importa é o modo como nos aproximamos dela, o quanto nos envolvemos nessa experiência e a profundidade com que somos tocados por ela.

Assim como uma catedral é um museu sem vida quando nos limitamos a inspecioná-la, tampouco conseguimos captar o significado da morte enquanto apenas refletirmos sobre ela. Mas assim que nos ajoelhamos, transformando-nos de observador em pessoa que ora, de mero espectador em participante devoto. No mesmo instante, o museu se transforma em templo e a morte fria, inimiga, se transforma em uma experiência sagrada.

Quanto mais sincero for esse cair de joelhos, mais enriquecedora será a experiência que faremos; por um lado, porque na proximidade da morte aumenta o respeito pela vida; por outro, porque a morte é a verdadeira iniciação, o único portal para o realmente secreto. Tudo o que foi chamado de secreto no caminho já percorrido não se compara com isto.

Mas, quanto mais obstinada e medrosamente desviarmos o olhar dela, tanto mais desenfreado e extremo se torna o vaivém entre a euforia e a depressão. Em sua forma extrema, essa recusa leva a sintomas maníaco-depressivos. Quanto mais eufórico o polo da vida (a Força) é evocado, tanto mais profunda será a depressão que se segue (o Pendurado). A solução aponta para a Morte. Ela nos mostra a direção correta.

Em sua grandiosa obra sobre o desenvolvimento do espírito humano, Ken Wilber deixa claro que somente através de Tânatos, o polo da morte, acontecem as verdadeiras mudanças, ao passo que Eros, o polo da vida, só cuida de mudanças no sentido de variação.[12] Wilber compara a consciência humana com uma casa de vários andares. Se o Ego se instala confortavelmente em um andar e se acostuma com o panorama, ele quer permanecer ali

---

[12] Ver Ken Wilber. *Halbzeit der Evolution* [A Meio Caminho da Evolução], p. 93.

e não quer saber de mudar-se para outro andar. Se, no entanto, a vida ali começar a ficar insossa, vazia de conteúdo e desconsolada, ou se houver fases melancólicas graças à monotonia desse plano, então o Ego logo evoca a polaridade da vida e cuida de arranjar um pouco de variação. Isto é, mudamos os móveis de lugar, mas permanecemos entre as mesmas paredes. Em outras palavras, procuramos uma nova ocupação, começamos um novo relacionamento, buscamos excitação no sexo e nos jogos, nos entregamos ao consumismo e fazemos alguma coisa que prometa mudança em nossa vida sem representar perigo para o nosso Ego. Mas uma mudança profunda só pode acontecer por meio da polaridade da morte, pela qual abandonamos nosso estado de consciência até aquele momento. Só então existe a chance de chegar à supraconsciência. Porém, o preço dessa transformação essencial é o risco de se fragmentar no processo. E é nisso que reside o perigo associado a esta etapa e a esta carta. Pois, na jornada através da noite, o caminho de iniciação que tem aqui seu ponto de partida não tem passagem de volta. Mas, por certo, há condutores de almas!

Palavras-chave para a carta	
A MORTE	
ARQUÉTIPO:	Morte
TAREFA:	Despedida e descida ao submundo, recolhimento voluntário, encerrar algo, libertar-se
OBJETIVO:	Solução, superação do ego, dissolução de limites, mudança profunda
RISCO:	Fingir de morto por medo, fragmentar
DISPOSIÇÃO ÍNTIMA:	Viver um fim, esgotamento – busca da paz e regeneração, experiência de despedida

A TEMPERANÇA

A Temperança
O condutor de almas

O significado desta carta não fica muito claro quando buscamos entendê-lo a partir seu nome. Embora a temperança faça parte das virtudes cardinais, essa palavra está tão desvalorizada no uso moderno da língua que dificilmente associamos valores positivos com "moderação" nos dias de hoje. Mas se, ao contrário, reconhecemos em seu motivo o símbolo da mistura correta, logo descobrimos o verdadeiro enunciado desta carta.

Muito já se especulou sobre o que o anjo mistura, e se de fato mistura algo ou apenas o despeja. Esta última suposição expressaria que as energias, que até então fluíam no crescimento externo, agora finalmente são vertidas na direção oposta, para daí em diante provocar o crescimento interior; nisso está certamente um enunciado essencial da carta. Mas é ainda mais importante entender a mistura correta como a expressão da bem--sucedida unificação, um tema fundamental deste último trecho do caminho. Depois que a morte dissolveu os limites que o Ego previamente teve de construir, trata-se, daqui em diante, de unificar o que antes estava separado. Mas a carta também representa a moderação como expressão de uma sensibilidade apurada, indispensável para superar os perigos à espreita no restante da jornada. Esse conhecimento iludível do caminho certo é simbolizado pelo condutor de almas, que a carta nos mostra como um anjo. Na tradição cristã, é o arcanjo Miguel que assume essa tarefa. Antigas representações o mostram em um motivo que lembra muito a prova no Salão de Maat. Um diabo tenta tirar a balança do prumo, mas é impedido por Miguel, e assim a balança (e o ser humano) recuperam o equilíbrio.

Apesar das suas cores claras, a carta mostra um tema do submundo. Os lírios são uma chave para essa interpretação. Segundo

Miguel, o condutor de almas.

a tradição grega, eles crescem no submundo, motivo pelo qual o Hades também era chamado de chão de Asfodelias (um tipo de lírio). O lírio não só traz o nome de Íris, a mensageira dos deuses, mas também é o seu símbolo e o sinal da presença dessa deusa grega com muito conhecimento sobre o submundo. No simbolismo cristão, o lírio da Páscoa equivale à Passiflora, e quando contemplamos o trecho de caminho em que nos encontramos, o paralelo com a época da Paixão é imenso. As cartas desde o Pendurado (XII) até o Diabo (XV) mostram a *viacrucis* de Cristo e sua descida ao inferno em harmonia com o Credo cristão, que diz: "Foi crucificado, morto e sepultado, desceu aos infernos..."; tanto mais que a Bíblia fala de um anjo no túmulo.

O caminho que a carta mostra é um símbolo do caminho estreito da individuação, do tornar-se Si-mesmo (o Self). Ele leva (de volta) à luz, ao Sol, no qual se oculta uma coroa. Se movimentarmos a carta de um lado para o outro, podemos vê-la na linha pontilhada. Depois da morte do velho rei (o Ego) tem início o caminho até o Sol e a coroação do novo rei (o Self), um motivo que tem sua correlação em todos os contos de fada nos quais o herói se torna rei no final da história. Assim, o caminho do desenvolvimento do Ego e da superação do Ego, da 6ª até a 12ª carta, se torna a autoexperiência e o autodesenvolvimento verdadeiros, no mais profundo sentido das palavras, neste último terço do caminho transpessoal da jornada.

| Crucificado | Morto | Sepultado | Desceu ao inferno. |

O Self, força organizadora do que nos acontece no nível das emoções e da alma, quer levar o ser humano à totalidade. Não só podemos ler esse objetivo em vários motivos de sonho, mas também no plano das brincadeiras, talvez no impulso de resolver um enigma, uma palavra-cruzada, de levar um jogo de paciência até o final ou no desejo de completar uma coleção. Essa força interna, que permanece no inconsciente na nossa vida quotidiana, se torna conhecida pela forma como ela nos impele à totalidade. Enquanto previamente o desenvolvimento do Ego significou separação do caminho da unidade, agora é o empenho do Self que nos leva, no restante do caminho, outra vez à unidade, à totalidade.

Devemos confiar nessa guiança, primeiramente inconsciente, para realizar esse percurso, mas o Ego resistirá porque se tornou muito orgulhoso ou muito fraco e medroso. No primeiro caso, falta visão; no segundo, falta confiança. Por isso, o Self primeiramente se assegura de que nos enredemos em uma situação sem saída, em uma crise existencial, na qual o Ego tem de fracassar, porque todos os refinamentos, toda esperteza e mesmo os truques mais inteligentes da nossa consciência até então muito hábil e sagaz, de repente não ajudam mais. Na sequência, surgem o desamparo, a desesperança e uma profunda resignação, até que ao Ego chegue ao fim das suas forças. Agora, a

O PENDURADO	A MORTE	A TEMPERANÇA
A crise sem saída.	Fracasso e desapego do Ego.	O encontro com o Self.

única possibilidade é se entregar à desesperança, com a firme convicção de que está tudo acabado. Mas, em vez de perecer ou cair no vazio – como esperado – para nossa grande surpresa, sentimos que somos carregados por uma força que é muito maior do que tudo o que conhecemos antes e que nos sustentava até então. Esse encontro decisivo com o Self corresponde à baleia na história de Jonas.

Jung contou em uma carta como ele mesmo passou por essa experiência ao ter um infarto: "Eu estava livre, totalmente livre e inteiro, como nunca me havia sentido antes... Foi uma festa silenciosa, invisível e permeada por um sentimento incomparável, indescritível de bem-aventurança eterna; eu nunca pensei que pudesse haver uma experiência como essa no plano humano. Vista de fora e enquanto estamos vivos, a morte se reveste da maior crueldade. Mas assim que estamos dentro dela, temos uma sensação tão forte de totalidade, de paz e de realização, que já não se quer voltar".[1]

---

[1] C. C. G. Jung. *Cartas*, vol. 1 – carta datada de 01/02/1945 para K. Mann.

Essa capacidade rara da psique inconsciente de transformar o ser humano, que ficou preso em uma situação desesperançada e levá-lo a outra, foi chamada por Jung de função transcendente. As cartas do Pendurado, da Morte e da Temperança nos mostram essa transformação como a passagem do meio para o último terço do caminho.

Neste último trecho da jornada, muito do que antes era natural e objetivamente correto se torna inválido e muitas coisas ficam obsoletas. Isso inclui nossa experiência com o tempo, mas também com a nossa atitude diante da morte e com todo o nosso sistema de valores. Quando criança, vivíamos o tempo ciclicamente. O ano girava em torno da festa do Natal. Estávamos longe dele, depois ele se aproximava outra vez de nós. Mas era sempre o mesmo Natal. Depois que crescemos, vivemos o tempo linear, cronológico. Um ano se segue a outro. O círculo rompeu-se, o tempo virou uma linha que tem começo e fim. Desde então sentimos o tempo como quantidade e, assim, como limitado. Isso de início pouco importa, porque vivemos a sensação de que ainda nos resta todo o tempo do mundo. Mas no máximo ao chegar à meia-idade, percebemos que o tempo se torna cada vez mais veloz e escasso. Calculamos quanto tempo talvez nos reste, tentamos detê-lo e nos esforçamos por fazer muita coisa ao mesmo tempo a fim de "economizar" tempo; vivemos cada vez mais depressa, cada vez mais agitados e, no entanto, obrigados a ver, desamparados, como o tempo transcorre impiedosamente.[2] "Mas quando estamos sozinhos", assim Jung descreve esses medos, "e é noite e a escuridão e o silêncio são tão densos que não escutamos e não vemos senão os pensamentos que somam e subtraem os anos da vida, e a longa série daqueles fatos desagradáveis que impiedosamente nos mostram até onde os ponteiros do relógio já chegaram, e a aproximação lenta e irresistível do muro de trevas que finalmente tragarão tudo o que eu amo, desejo, possuo, espero e procuro; então toda a nossa sabedoria de vida

---

[2] A maioria significativa de descobertas da era da tecnologia serve para economizar tempo, porém, extraordinariamente, o homem tem menos tempo do que antes.

se esgueirará para um esconderijo impossível de descobrir, e o medo envolverá o insone como um cobertor sufocante."[3]

Mas quando conseguimos chegar ao último terço do caminho, entendemos cada vez mais que o tempo não é igual ao do relógio e que estava errado medi-lo em quantidades, pois só é decisiva a sua intensidade. O tempo não é uma quantidade, mas uma qualidade. Por isso não é tão importante o *quanto* nós vivemos, mas *como* vivemos, e não o *quanto* experimentamos mas o *quão profundamente*. Diante desse segundo plano, também surge um novo posicionamento diante da morte. Ela não é mais o terrível fim, por trás do qual tudo acaba. Muito menos procuramos pelo consolo sagrados do Ego, que espera a todo custo por uma *rematerialização* do corpo, aconteça ela no Dia do Juízo ou em uma próxima encarnação. Em vez disso, aprendemos a compreender a nós mesmos como uma parte do todo indestrutível, do qual nunca estivemos separados e do qual logo faremos parte outra vez. Assim como a onda nunca esteve separada do mar, o nosso Ego nunca esteve separado do todo. E assim como a onda tem de tornar-se uma com o mar outra vez, o nosso Ego se dissolverá e se unirá novamente à fonte original de tudo o que existe. Naturalmente, cada parte de uma onda já foi muitas vezes parte de muitas outras ondas. Mas não seria absurdo se uma onda afirmasse que ela já foi onda muitas vezes antes? Igualmente disparatado e arrogante soa quando o Ego afirma ter vivido muitas vezes (e, naturalmente, como uma personalidade importante). Isso não quer dizer que a ideia da reencarnação seja errada. Mas fazer dela um anestésico barato contra o medo que o Ego tem da morte parece muito questionável e desvia de uma compreensão mais profunda do significado da morte. Em vez disso, Ken Wilber aconselha: "Sacrifique a imortalidade do eu e descubra a imortalidade de tudo o que existe".[4] E em outro ponto ele diz: "Mover-se do inconsciente para a consciência do eu é tornar a morte consciente; mover-se da consciência

---

[3] C. G. Jung. *Die Dynamik des Unbewussten (Band 8)*. [*A Natureza da Psique*. Obras Completas, vol. 8/2 § 796.]

[4] Ken Wilber. *Halbzeit der Evolution* [A Meio Caminho da Evolução], p. 169.

| A armadilha do Ego. | A superação do Ego. | Entrega à direção superior. | O potencial da profundeza. | Ruptura das velhas estruturas. | Novas esperanças, novos horizontes. |

do eu para a supraconsciência significa tornar a morte definitiva".⁵ Nisso parece haver muito mais verdade do que em todos os modelos contraídos de explicação do caminho da morte.

Nesta sequência dos Arcanos Maiores, também fica muito claro o que significa criatividade autêntica. Se o ser humano vive inconsciente o primeiro terço do caminho, ele desenvolve a consciência do Ego no trecho central do caminho. Embora exista aí um pressuposto essencial para todo o processo criativo, a verdadeira criatividade é impedida pela consciência do Ego ao ponto de apenas querer provar como é maravilhosa. Podemos ver esse fenômeno em pessoas que tiveram uma boa ideia, uma experiência realmente impressionante ou criaram algo e, então, pelo resto da sua vida contam orgulhosamente sempre a mesma história. A esse beco sem saída do qual não surge nada novo, mas se reproduz o conhecido em uma nova embalagem ruim, corresponde ao Pendurado. O Ego repete apenas conhecimentos antigos que, com o passar do tempo, se tornaram tão estimulantes quanto o centésimo giro da roda do *hamster*. A criatividade autêntica só existe no último terço do caminho, que segue ao Pendurado. Ela pressupõe a retirada do Ego. Só então uma força superior pode fluir através de nós e nos levar a novos conhecimentos, afirmações e modos de ação.

---

[5] Ken Wilber. *Halbzeit der Evolution* [A Meio Caminho da Evolução], p. 389.

A carta da Morte simboliza o limiar para essa área. Ela representa uma transformação profunda, graças ao fato de a mente consciente não mais ser dominada por um Ego sedento de poder. Em vez disso, o Ego que se tornou humilde, entregou a direção a uma autoridade superior, o Self.

O verdadeiro potencial criativo está na profundidade. Onde mais poderia estar, a não ser nos reinos em que não olhamos antes? O que se encontra na superfície e no claro já foi monopolizado pelo Ego há muito tempo. Somente os conhecimentos intuitivos dos reinos escuros, inconscientes, evitados, bloqueados e temidos até agora rompem as estruturas existentes e possibilitam novas perspectivas, novas esperanças e novos horizontes. Tudo isso se vê nas cartas, desde o Pendurado (XII) até a Estrela (XVII).

Há uma antiga lenda chinesa sobre a pérola mágica, que narra que nessa superação do Ego está o passo decisivo na busca da verdade, do misterioso, do maravilhoso:[6] O senhor da terra amarela viajava para além dos limites do mundo. Chegou a uma montanha muito alta e viu o ciclo de renascimentos. Então, ele perdeu sua pérola mágica. Mandou o conhecimento ir buscá-la e não a teve de volta. Mandou a perspicácia ir buscá-la e não a teve de volta. Enviou o pensamento para buscá-la e não a teve de volta. Então, ele enviou o esquecimento de si mesmo.[7] O esquecimento de si mesmo a encontrou. O senhor da terra amarela disse: "É estranho que justamente o esquecimento de si mesmo tenha sido capaz de encontrá-la!"

Na nossa jornada, nós nos aproximamos do inferno, o ponto mais profundo e escuro da jornada. Como aqui se trata de descer penhascos íngremes e atravessar abismos profundos, e como é preciso vencer perigos desconhecidos e andar pela corda bamba para chegar ao outro lado, o herói estaria totalmente perdido sem um condutor experiente.

---

[6] Dschuan Dsi. *Das wahre Buch vom südlichen Blütenland* [O Verdadeiro Livro do País da Florescência] p. 131.

[7] Quando diferenciamos entre o Ego e o Self no sentido dado por Jung, teria necessariamente de haver o esquecimento do Ego. O esquecimento do Ego como contraponto positivo da afirmação: "Eu esqueço logo de mim!"

A TEMPERANÇA 181

Virgílio conduz Dante na descida ao inferno.

A Sibila de Cumas conduz Eneias pelo inferno.

Mas onde e como encontrar um condutor de almas? Procurar por ele não tem sentido, pois aqui na segunda metade do caminho não há nada a se fazer no trecho feminino da jornada; aqui só podemos deixar acontecer. Mas estar disponível e em prontidão atrai o condutor. Mais precisamente, ele sempre esteve aí, nós apenas deixamos de vê-lo e ouvi-lo.

Naturalmente, como arquétipo, o condutor de almas é uma autoridade interior, mesmo que gostemos de projetá-lo sobre outras pessoas, sobre um terapeuta, um sacerdote, um amigo, uma musa ou um guru. Como os mitos nos ensinam, trata-se quase sempre de uma pessoa do sexo oposto. Assim, Perseu foi guiado por Atena e Teseu conduzido por Ariadne. O glorioso Ulisses agradeceu a Circe por não ter sido vítima das perigosas sereias ou dos monstros Cila e Caríbdis. Eneias deixou-se levar pelo inferno pela Sibila de Cumas e Hércules seguiu o conselho de Atena. Sem sua ligação com Eros, Psiquê teria continuado inconsciente no submundo. Em Dante, de início foi Virgílio quem o levou pelas profundezas do Inferno até a Montanha da Purificação. Mas isso aconteceu devido ao pedido de Beatrice, a verdadeira condutora da alma de Dante, que então continuou a guiá-lo pelo resto do caminho até o Paraíso e à visão do Altíssimo.

Do ponto de vista psicológico, o condutor de almas é a nossa contraparte sexual interior, a *anima* ou o *animus*. Quem se entrega a essa força de início inconsciente, será por certo melhor conduzido do que alguém que ouve os conselhos das outras pessoas, por melhores que eles sejam. Por isso é útil estabelecer um verdadeiro diálogo com sua *anima* ou seu *animus*. Mesmo se no princípio parecer bastante estranho falar em voz alta "consigo mesmo", graças à psicologia de Jung é altamente conhecido o fato de que essas conversas logo podem se tornar muito produtivas. O próprio Jung enfatizou que as considerava uma técnica, e disse: "Tal arte ou técnica consiste em emprestar uma voz ao interlocutor invisível, pondo à sua disposição, por alguns momentos, o mecanismo da expressão; deixemos de lado a aversão natural por esse jogo aparentemente absurdo consigo mesmo, assim como a dúvida acerca da autenticidade da voz do interlocutor."[8]

Ele continua explicando que, de início, acreditamos que todas as respostas obtidas foram dadas por nós mesmos, exatamente porque gostamos de acreditar que "fazemos" nossos pensamentos; mas na verdade, como nos sonhos, eles não são

---

[8] C. G. Jung. *Zwei Schriften über Analytische Psychologie (Band 7) – Die Beziehungen zwischen dem Ich und dem unbewussten (2. Schrift)*. [*O Eu e o Inconsciente*]. Obras Completas, vol. 7/2 § 323.]

A MORTE — Renúncia e abstinência.

A TEMPERANÇA — A mistura correta.

O DIABO — Excesso, cobiça e dependência.

intencionais ou voluntários, especialmente se forem formulados com afeto. Mas, para não ser vítima de uma ilusão, ele adverte, finalizando: "As condições indispensáveis desta técnica de educar a *anima* se resumem numa rigorosa honestidade consigo mesmo e em evitar a antecipação apressada do que o outro lado quer expressar.[9] Por meio desses diálogos, com o tempo aumenta a disposição da consciência de levar cada vez mais em consideração as imagens e mensagens do inconsciente e de incluí-las na rotina diária.

Se analisarmos o ambiente escuro da carta da Temperança, vemos que ela nada tem a ver com benignidade ou inexpressiva hipocrisia. O tarô a coloca entre a Morte e o Diabo. A correlação com o Diabo é bastante compreensível. Um dos seus significados é o excesso em oposição à Temperança, que representa a moderação. Assim, o fato de as duas cartas estarem lado a lado é como um espelho de muitos desenvolvimentos, que muitas vezes começam com a medida correta, mas, cedo ou tarde, caem no imoderado. Mas uma mensagem inesperada desta carta acontece quando incluímos as duas cartas que cercam a Temperança: a

---

[9] *Idem.*

Morte que significa despedir-se, desapegar-se completamente de algo e, portanto, corresponde à renúncia total, à abstinência; e o Diabo que, ao contrário, representa a cobiça e o excesso. Quando a Temperança está entre esses dois temas, torna-se claro que a medida correta fica entre a abstinência e o excesso. E é exatamente por isso que é tão difícil manter a medida certa. A maioria de nós por certo acha mais fácil deixar de comer chocolate (abstinência, Morte) ou comer logo uma barra inteira (cobiça, Diabo) do que comer um único pedaço; e isso nos parece muito comedido. Mas é exatamente aí que está a importante mensagem da carta da Temperança: não renunciar a nada e, no entanto, não se apegar a nada; não evitar nada, mas nunca tornar-se viciado ou dependente. Uma postura como essa diante da vida é certamente mais difícil, e amplamente mais intensa, do que flutuar hipocritamente ao redor das coisas, tirando o corpo fora desde o início, deixando de fazer algumas coisas e simplesmente ser um aluno-modelo bem-comportado. Por outro lado, entregar-se com toda a confiança ao condutor de almas significa aceitar totalmente a vida sem prender-se a coisa alguma.

A Temperança (XIV) está ligada ao Hierofante (V) através da soma transversal. Se o Hierofante foi o educador que preparou o herói para a jornada no mundo exterior, na Temperança temos o condutor de almas para a jornada pela noite. Se o Hierofante corresponde ao tornar-se consciente da nossa separação da totalidade, que também pode ser entendido como o pecado original (veja pp. 82-84), agora é o condutor de almas que quer nos levar de volta à totalidade, ou em termos mais espirituais, de profano-incompleto para sagrado-inteiro. Nosso conceito de pecado proveio da palavra hebraica *chato* e da palavra grega *hamartia* e significou originalmente "falta do verdadeiro". Exatamente nesse sentido, o condutor de almas nos salva dos nossos pecados à medida que nos permite encontrar o nosso centro (o verdadeiro). Se o Hierofante transmitiu ao herói o código de ética e lhe deu a armadura moral que o trouxe até aqui, então o herói ou heroína pode e deve, a partir de agora, confiar numa força suprema, na certeza que apenas uma consciência amadurecida pode oferecer a ele ou ela no restante do caminho.

O HIEROFANTE
O educador e guia
no mundo exterior.

A TEMPERANÇA
O condutor de almas pelos
espaços interiores e
pela noite.

A TEMPERANÇA
A medida correta.

O DIABO
O excesso.

Em comparação com todos os critérios válidos e confiáveis anteriormente, o condutor de almas não distingue entre o certo e o errado, o nobre e o profano, o útil ou o inútil, o valioso e o sem valor, e também não distingue entre agradável e desagradável. Neste ponto, até a avaliação entre bem e mal ensinada pelo

Sumo Sacerdote torna-se inválida, porque a consciência madura compreende que nada na Criação é somente bom ou somente mau, mas que em tudo a medida correta é decisiva: o maior veneno na dose correta pode ser o único remédio para uma cura, ao passo que algo bom demais – vivido em excesso – logo se transforma em mal.

A partir daqui, o que importa é a diferenciação entre consistência e inconsistência. E, nesse sentido, consistente é o que a pessoa percebe, como uma voz interior que lhe dá certeza total. Essa *Vox Dei* (voz de Deus) como é muitas vezes chamada, é descrita por Jung como um sussurro interior, que nos leva a uma "reação verdadeiramente ética", a um modo de agir que pode colidir com a ideia ou com as leis modernas da moral. O poder explosivo que está implícito é evidente.

Em todo caso, isso requer uma consciência de fato amadurecida, que não pode ser evocada por meio de meros pensamentos, e que sabe muito bem como diferenciar a autoexigência, um jeito de saber tudo, a busca de reconhecimento, ou as tentações do poder da verdadeira inspiração superior do seu Ego. Por esse motivo, esse passo é dado somente agora, no final da superação do Ego. Pois, naturalmente, não se trata aqui de um salvo-conduto que permite ao herói agir como quer; por isso, toda pessoa que estiver nessa posição deve, se possível, examinar se sente uma inspiração superior ou se na verdade se trata de influências duvidosas do seu Ego, que talvez só tenham sido bem disfarçadas. A proximidade com o Diabo, a carta seguinte, ilustra o grande perigo da confusão. A Bíblia adverte sobre isso, quando diz: "Não acrediteis em qualquer pessoa, mas examinai os que se apresentam, para ver se são de Deus" (I João 4:1). Vivida de modo imaturo, essa atitude parece justificar atos de terror e outras chicanas, como assassinatos por motivos utópicos. Vivida com maturidade, ela leva à exemplar e imperturbável estabilidade de um indivíduo realmente devotado, que serve a Deus e não aos homens, sem buscar elogios ou admiração por isso.

É sempre o condutor de almas, a *Vox Dei* que aponta a saída "impossível" de um dilema ou de uma culpa trágica em que nos enredamos. Esse é o tema central da tragédia grega, em que o personagem principal torna-se inevitavelmente culpado, não importando o que ele ou ela façam. Por exemplo, quando Antígona tem de escolher entre o dever de enterrar seu irmão Polineiques e o dever de cumprir as ordens do seu tio, o rei que proibiu o enterro, então ela se torna culpada, seja qual for a sua ação. O código de moralidade que o Sumo Sacerdote transmitiu como base da consciência, nesses casos, fracassa ou leva diretamente ao conflito por causa da sua natureza contraditória.

Uma solução só acontece depois de muito sofrimento que envolve a ameaça da alma ser despedaçada por duas forças em oposição. Mas, de repente, eis que ela ressurge, a certeza inegável de que é maior e mais clara do que as convicções anteriores. Ela não só nos dá a força para tomar decisões que até então eram impossíveis, mas também nos ajuda a suportar as consequências, muitas vezes graves, no restante do caminho, com firmeza e de livre e espontânea vontade.

Mas não existe garantia de que tudo "saia bem" quando ouvimos nossa voz interior. Ao menos não no sentido de sairmos ilesos da situação. Por fim, Antígona precisou pagar sua decisão com a vida. Porém, tudo irá bem na medida em que agirmos em completa certeza e firmemente dispostos a suportar até mesmo as consequências mais graves provenientes dessa decisão.

A *Vox Dei*, no entanto, não é audível apenas em um caso de conflito. Ela também pode atingir uma pessoa de repente, surpreendendo-nos com uma instrução, por meio da qual não raro somos levados a um conflito como esse. Quando a Bíblia nos diz como a voz de Deus estimulou o profeta Oseias a casar-se com uma prostituta (Oseias 1:2) e se pensarmos o que isso deve ter significado para um homem justo, naquela época, reconhecemos como pode ser estranha e chocante uma tarefa como essa. Isso mostra mais uma vez que a Temperança não significa isenção de perigo. Essa carta não tem nada a ver com mediocridade, indiferença ou, especialmente, mera indecisão; mas ela representa a descoberta da mistura correta, a combinação que nos permite continuar nosso caminho pessoal, o qual ainda pode nos levar a caminhadas perigosas no fio da navalha.

Palavras-chave para a carta
A TEMPERANÇA

ARQUÉTIPO:	O condutor de almas
TAREFA:	Aceitar orientação superior, encontrar a mistura certa
OBJETIVO:	Encontrar certeza interior insubornável, encontrar o centro e a totalidade
RISCO:	Seguir uma falsa inspiração, mediocridade
DISPOSIÇÃO ÍNTIMA:	Ser levado por uma grande força, harmonia, tranquilidade e saúde

O DIABO

O Diabo
No reino da sombra

O Sol chegou a seu ponto da meia-noite e encontrou as forças das trevas. Da mesma forma, o herói desceu ao local mais escuro da sua jornada. Aqui no labirinto do submundo, o tesouro perdido, a bela prisioneira, a erva da vida ou qualquer que seja o valor de difícil alcance, é guardado por um monstro terrível, um dragão perigoso ou um adversário sinistro.

Com essas imagens, os mitos e contos de fadas descrevem a ameaça que parte do inconsciente e que sentimos tão logo entramos em contato com suas forças, pois trata-se de algo bem diferente do que ficar contemplando o inconsciente calmamente. Neste contato verdadeiro, podemos ser tomados pelo medo e entrar em pânico, o que Jung explica por meio da analogia que esse encontro tem com um transtorno mental: "O intelecto não tem qualquer objeção em 'analisar' o inconsciente como um objeto passivo. Tal atividade corresponderia exatamente à expectativa racional. No entanto, dar livre curso ao inconsciente e vivenciá-lo como uma realidade ultrapassa a coragem e o saber do europeu médio. Este prefere não compreender este problema e para os espíritos fracos assim deve ser, pois a coisa não é isenta de perigo".[1] Nesse ponto da jornada, contudo, é preciso encontrar e experimentar o lado sombrio do nosso ser.

Como no Ocidente cristão o diabo tornou-se o *summum malum*, a soma de tudo o que é mau, todos os aspectos sombrios estão reunidos nele. Isso faz com que o significado desta carta seja extremamente complexo, e as tarefas desta etapa arquetípica não possam ser reduzidas a um único tema.

---

[1] C. G. Jung. *Psychologie und Alchemie (Band 12)*. [*Psicologia e Alquimia*. Obras Completas, vol. 12, § 60.]

O horror diante da visão dos demônios interiores.

Certamente, trata-se aqui do inconcebível no sentido duplo da palavra. Ao lado do que nunca concebemos em nossa vida, tudo o que recusamos como inconcebível, na firme convicção de que nada tem a ver conosco. Ações, motivos, desejos, intenções, pensamentos, características que achamos muito desagradáveis, que nos enchem de horror, dos quais nos envergonhamos, de que até então só tomávamos conhecimento nos outros. Porém, os temos notado por vezes seguidas, de imediato e com indignação. Comportamentos, opiniões e expressões que nos deixam chateados ou profundamente indignados são, com toda a seriedade, algo que temos que reconhecer como partes nossas – mesmo que achemos que caibam melhor nas outras pessoas. Aqui no reino escuro da sombra vive tudo o que reprimimos tão bem a ponto de nada ou quase nada sabermos a respeito. Tudo de que temos horror quando escurece. Tudo de que nos envergonharíamos até os ossos, caso nos pegassem ou se nós mesmos nos pegássemos "em flagrante". E temos de reconhecer e aceitar agora que tudo isso faz parte de nós. Não é de admirar que só o façamos com muito medo, relutância e mal-estar.

Devemos a Albert Camus uma descrição impressionante de uma confissão impiedosa, um autodesnudamento sem compaixão que, além disso, estimula à imitação. Em seu livro *Der Fall*[2] [A Queda], ele conta a história de um advogado famoso, bem-comportado e bem-sucedido nos melhores círculos, que tem uma imagem totalmente impecável de si mesmo. Mas, certa noite, ao atravessar uma ponte deserta, ele ouve um riso atrás de si. E esse riso não o deixa mais em paz, até que amargamente tem de confessar a si mesmo quem realmente é: enxergar a vaidade do seu ego, reconhecer a sua enorme sombra e compreender os verdadeiros motivos que estão por trás do seu caráter refinado e ações nobres.

Nesse local escuro, tudo que quer estar vivo em nós, mas não tem permissão para isso, mal consegue sobreviver nessa existência miserável nas sombras. São as malquistas "pessoas interiores" que o nosso Ego não considera dignas de sociabilizar-se e que expulsou sem mais nem menos. Elas encontram-se em um lugar esquecido, naquela prisão realmente infernal que é baixa demais para permitir que alguém fique em pé e pequena demais para esticar-se, à qual durante a Idade Média se arremessava o criminoso, deixando-o totalmente esquecido. Nosso Ego não lida menos brutalmente com os lados não amados da nossa

---

[2] Ver Albert Camus. *Der Fall* [*A Queda*], pp. 34ss.

Assim que a razão desperta, que tudo controla, quer dormir, os demônios reprimidos a atormentam (O Sono da Razão Provoca o Horror).

Lúcifer vela sobre as partes divididas das almas que caíram nessa posição incômoda.

personalidade. Eles são impiedosamente trancados e esquecidos. Não é de admirar que se transformem em demônios e atormentem a nossa consciência, e não só nos pesadelos.

Na linguagem dos contos de fadas, esse é o local das almas vendidas. Aqui neste inferno, Lúcifer vela sobre as partes fragmentadas do nosso ser, sobretudo aquilo que nós, como seres humanos, achamos que não faz parte de nós. E é precisamente aqui que está tudo o que nos falta para a totalidade e que, ao mesmo tempo, é a fonte de nossos atos falhos.

Do ponto de vista psicológico, no caso do tesouro difícil de encontrar, trata-se dos aspectos das quatro funções da consciência que nós não desenvolvemos, que permaneceram inconscientes e que faltam à nossa mente consciente (veja pp.111 ss.) Somos veementemente confrontados com essa falta e com os atos falhos dela resultantes. Isso acontece por ser inevitável encontrarmos essa característica, repetidamente, ao nosso redor e não termos alternativa senão confrontá-la, ou porque finalmente compreendemos que temos de nos voltar a esse aspecto pois é isso o que nos falta para a totalidade. O mais desagradável é que esse lado do nosso ser permaneceu não-desenvolvido, rude e primitivo. Enquanto ao longo dos anos, desenvolvemos com elegância as outras funções da consciência e as aprimoramos, essa parte abandonada ficou cada vez mais para trás, continuou incivilizada, inferior, obstinada e caótica. Por isso, não a queremos, considerando-a incômoda; achamos que é supérflua e dispensável e a desprezamos – ainda que em segredo – quando a percebemos em outras pessoas. Se nós mesmos temos de aprender a desenvolver essa função da consciência, isso não só é estranho e problemático, mas sobretudo toma muito tempo. Parece-nos que somos obrigados a usar óculos embaçados, quando os nossos outros três óculos são tão claros e limpos. É como se tivéssemos de nos mostrar em público como um vagabundo decadente ou como uma prostituta em fim de carreira. É por isso que até agora nos recusamos, reiteradamente, a começar com isso.

Muitas vezes, a nossa consciência é suficientemente soberba para acreditar que tudo o que reprimimos ou esquecemos não existe mais. O que reprimimos ou esquecemos, no entanto,

No inferno, o reprimido corresponde ao estado obstinado, indiferenciado e caótico da função negligenciada da consciência.

apenas tornou-se inconsciente, mas continua bem ativo. Apenas não temos mais consciência disso. E é justamente nisso que há um grande perigo, porque só podemos controlar e viver com responsabilidade aquilo de que temos consciência. Um velejador que tem consciência do vento, pode até mesmo velejar contra o vento com a ajuda do próprio vento. Mas se não tivesse conhecimento dessa força, ele seria um joguete em suas mãos. O mesmo vale para os nossos aspectos sombrios não vivenciados. Não saber nada sobre eles não quer dizer que eles não existam ou estejam inativos.

Todos já viveram momentos em que subitamente "foram possuídos pelo demônio". Assim descrevemos uma situação em que surge uma força repentina, que recai no Diabo porque a separamos de nós e a reprimimos. De repente, esse lado demonizado invade a nossa consciência, por assim dizer a ocupa e nos leva a fazer coisas para as quais não temos explicação, diante das quais posteriormente perguntamos, perplexos, como isso pôde acontecer conosco. A psicologia chama essas partes não integradas da nossa personalidade de "complexos autônomos", que, por assim dizer, levam uma vida itinerante em nossa alma, movimentam-se como uma corja que tem medo da luz, fora do âmbito organizado da nossa consciência, à espera de um momento favorável e de descuido – como um momento de euforia ou um estado de embriaguez – para tomar conta da consciência e vivenciar seus impulsos sem qualquer inibição. Eles nos levam a fazer coisas que depois achamos estranhas ao nosso Ego, já que o nosso Ego não conhece – e não quer conhecer – esses nossos lados.

Mas, mesmo quando não chegamos ao ponto de ser possuídos pelo Diabo, quando a consciência acredita que está no controle, ainda somos acuados e influenciados pelos aspectos não vivenciados da nossa sombra. Quem pode afirmar que não é seduzido ou manipulado, e quem pode afirmar que não repete coisas que há muito tempo se propusera não mais fazer? Todo ser humano luta contra as próprias fraquezas, os sedutores interiores. E quem acredita que superou essa problemática é possivelmente sábio, mas provavelmente apenas um ingênuo. Pelo

Aquilo que nos falta sempre nos torna reincidentes.

fato de esses aspectos sombrios faltarem à nossa totalidade e, por não desejarmos admití-los a nós mesmos, eles se transformam em nossos atos falhos e fraquezas, raízes da nossa escravidão. Aquilo que nos falta toma conta de nós e constantemente nos puxa outra vez para o fundo, talvez somente para se tornar percebido, para que não nos esqueçamos dele. Esses aspectos não amados e não vivenciados querem ser libertados de sua incômoda prisão, querem tomar forma e ser vivenciados. É por isso que apesar das nossas boas intenções sempre recaímos no erro, para que não acreditemos poder passar sem eles.

Mesmo que não tenhamos nos dado conta disso, aqui estamos em um local de cura. Enquanto não aceitarmos que esses aspectos sombrios fazem parte de nós, continuaremos unilaterais e infelizes. Mas, naturalmente, essas reflexões não devem ser interpretadas como uma ordem para fazer desenfreadamente tudo o que não se fez antes, agredindo o vizinho, reagindo mal no trabalho ou em casa, ou passando a viver daí em diante segundo o princípio do prazer e, sem nenhuma inibição, agir pelo instinto. Trata-se muito mais de admitir as inclinações e desejos reprimidos e depois procurar uma possibilidade de integrá-los à personalidade consciente e vivê-los de maneira responsável. Então o que era destrutivo pode tornar-se novamente construtivo porque voltou ao próprio lugar.[3] Isso está longe de ser uma medida inócua. Uma pessoa que tomou conhecimento da sua sombra e que vivencia os seus aspectos antes reprimidos nunca é inofensiva. Ela pode, no mínimo, ser incômoda, provocante ou chocante. Mas ela sabe o que faz e o faz conscientemente, podendo assumir a responsabilidade.

Não nos libertamos daquilo que não pode ou não deve ser enquanto – no duplo sentido do termo – não o deixamos ser. Quanto mais lutamos contra algo e o reprimimos, tanto mais aquilo nos invade, somos atraídos e ficamos fascinados por ele. Enquanto não nos declararmos dispostos ou não estivermos em condição de ver o que consideramos uma força sombria em nós, sentimos a necessidade de notá-la nos outros – o que para o Ego naturalmente é muito mais agradável. Como consequência, a própria sombra nos ameaça cada vez mais, a partir do exterior. Em decorrência disso, surgem animosidades pessoais, suspeitas monstruosas e atribuições insustentáveis de culpa, assim como

---

[3] Ver Marie-Louise von Franz. *Der Schatten und das Böse im Märchen* [A Sombra e o Mal nos Contos de Fadas], p. 52.

todas as teorias de conspiração pessoal ou coletiva que afirmam que o mundo é dominado por um grupo que quer possuir todo o poder. De acordo com as tendências da moda e a posição política, são exemplos os comunistas, os maçons, os sionistas, os reis da droga, os fundamentalistas, as bruxas, os judeus, os ambientalistas, os neonazistas, os hereges, os cientologistas, os bolcheviques, os mafiosos, os jesuítas, os grandes capitalistas, ou a CIA. O pérfido nisso é que o grupo incriminado não tem a mínima chance de se livrar da projeção coletiva. Onde há projeção, o ser humano é totalmente insensato, porque seu juízo normalmente lúcido então fica imune mesmo aos argumentos mais esclarecedores. O bode expiatório não tem chance. Seja o que for que fizer, isso será usado contra ele e fortalece todas as suspeitas tidas até o momento.

A luta contra a sombra, no mundo externo, corresponde sempre a uma tração interna. O que é reprimido, por sua vez, exerce tamanho fascínio que, com mais frequência do que qualquer outra coisa, encontramos exatamente essas pessoas ou situações terríveis, contra as quais lutamos com tanta persistência. Mas, muito pior, é que o conteúdo reprimido nos leva a fazer secretamente o que não devemos – especialmente quando um Ego vaidoso se permite concessões especiais – ou com toda a franqueza a fazer algo que parece bom ou nobre, mas que depois de uma observação mais acurada não apresenta nada de muito positivo. Talvez como um sacerdote, que, ao querer expulsar todos os demônios, com demasiada precipitação cai em um exorcismo orgiástico, que é a característica de uma missa negra. Quando um homem de bem se vê compelido a ser um censor de pornografia e com grande sofrimento tem de assistir a toda aquela sordidez contra a qual ele luta, acaba consumindo muito mais pornografia do que qualquer cidadão comum. No processo, seu Ego naturalmente se sai bem da situação, porque pode assistir às cenas mais sujas e, no entanto, continuar usando um traje imaculado. Quando os protetores de animais matam pessoas para protegê-los, quando seres humanos lutam pela paz usando armas, quando os homens limpos da nação subitamente "se vêem imersos na sujeira", quando pessoas que acreditam no

Deus todo-amoroso de repente torturam e matam tomadas de fervor religioso, quando grandes libertadores do povo se transformam em tiranos e déspotas, quando gurus exaurem a energia dos seus adeptos, então, com fervor mais apressado do que sagrado, as pessoas se tornam escravizadas por suas sombras e, na maioria das vezes, nem percebem isso.

Mas aqui, na profundeza da noite, habita uma sombra muito especial, que sempre tornamos a encontrar no decurso da vida. É a nossa contraparte sexual inconsciente, que Jung chamou de *anima* ou *animus*. Ambos, como todas as imagens interiores, têm dois polos: um iluminado e outro sombrio. O polo iluminado da *anima* ou do *animus* já encontramos há tempos, naquela ocasião em que nos apaixonamos perdidamente pela primeira vez. Neste momento, a mulher encontra seu *animus*, e o homem se deixa encantar pela *anima*, pois essa força mágica só pode provir do inconsciente, visto que mais nada é capaz de encantar a nossa mente consciente.

Estar apaixonado significa estar enamorado da própria imagem interior. A pessoa que faz o nosso coração bater com mais força, talvez tenha o prego apropriado no qual podemos pendurar nosso quadro. Alguma coisa nele ou nela nos possibilita essa projeção. Mas esse algo é bem pouco em comparação com o que vivemos; talvez corresponda ao relacionamento do quadro com o prego. A experiência demonstra que a paixão raramente dura mais do que seis meses. Então a imagem maravilhosa paulatinamente adquire rasgos, fica quebradiça e mostra contornos cada vez mais estranhos e desagradáveis. Por mais que façamos o melhor possível para salvar o quadro original, mais cedo ou mais tarde, censuramos zangados o príncipe encantado ou a mulher dos nossos sonhos: "Mas você mudou muito!" e queremos dizer naturalmente, "para pior!" Nós ofendemos o outro chamando-o de "trapaceiro", sentimo-nos enganados e desiludidos, acreditamos ter enxergado finalmente a sua verdadeira natureza. Mas, durante todo esse tempo, o nosso par não se modificou, só a nossa força de projeção que foi ficando cada vez mais fraca. Para muitas pessoas isso é motivo para jogar tudo fora e procurar uma nova superfície de projeção, para durante mais seis meses en-

Medusa com a cabeça coberta de cobras.

tregar-se à embriaguez de um novo apaixonamento. Outras, com o tempo, estão dispostas a se tornar mais maduras e a aprender, aos poucos, a diferenciar entre a imagem anímica e a realidade. Para estas, o verdadeiro relacionamento só começa depois que acaba a paixão.[4]

Com o Diabo chegamos à polaridade oposta e escura da *anima* e do *animus*. Se ficamos encantados com o aspecto luminoso da nossa imagem anímica, até a vida nos ensinar a reconhecer nela as nossas projeções, agora nos sentimos profundamente ameaçados pelo aspecto sombrio da nossa imagem interior. Mas desta vez é ainda mais trabalhoso compreender que se trata de nossas próprias imagens e não das pessoas sobre as quais transpomos esses aspectos sombrios. Por isso, fazemos realmente de tudo para provar o contrário. Estamos totalmente certos de que não se trata de projeções, mas de riscos bem reais que nos ameaçam e por isso têm de ser banidos e destruídos o mais depressa possível. Mas, por mais que ameacemos bater em nossa sombra, de queimá-la ou tentar nos livrar dela de alguma outra maneira, estranhamente ela vem outra vez à tona. Ela nos pertence e, assim como a nossa sombra física, tampouco pode ser eliminada.

As antiguidades patriarcais quase só nos legaram imagens sombrias femininas, antes de tudo o lado escuro da Medusa, que tem seu correspondente no aspecto escuro da deusa hindu Kali, e que perdurou na demonização das mulheres pela perseguição às bruxas da Idade Média.

---

[4] Para mais informações sobre o tema, ver Hajo Banzhaf e Brigitte Theler. *Du bist alles, was mirf fehlt* [Você é Tudo o que me Falta].

Quando um homem cegamente transfere a polaridade escura da sua *anima* à sua parceira e sabe com toda certeza que ela é exatamente assim, para ela certamente fica difícil manter um relacionamento harmonioso com ele. O mesmo vale, naturalmente, para uma mulher que projeta o seu guerreiro furioso, o seu torturador ou o seu inimigo perverso sem reservas sobre o seu parceiro. Se já era difícil descobrir a projeção luminosa e aceitá-la como nossa, é muito mais trabalhoso entender que essas projeções sombrias são também nossas próprias imagens, embora as percebamos e sintamos tão de perto e de modo tão convincente como sendo do nosso parceiro.

O aspecto escuro da deusa hindu Kali.

Mas, quanto mais insistirmos em fechar os olhos a essa compreensão, tanto mais frequente e intensamente essas sombras aparecem na nossa vida. Ficamos profundamente decepcionados com todas as pessoas nas quais podemos, repentinamente, ser "forçados" a perceber essas características negativas. Com raiva sagrada nos separamos até mesmo das pessoas mais próximas, que antes amávamos, e juramos tomar mais cuidado da próxima vez. Mas por mais que tentemos ser cuidadosos e por mais que tentemos testar e avaliar o outro, assim que a próxima paixão arrefece constatamos com surpresa que nos relacionamos outra vez com um diabo – ou com uma bruxa. Depois de algum tempo, achamos ter reunido suficientes experiências negativas para podermos falar sobre os homens e as mulheres de maneira geral, com autoridade. E nossa opinião sobre eles é devastadora! Com orgulhosa resignação, nós nos insurgimos e decidimos nunca mais nos relacionar. Nunca mais!

Talvez nos demos conta agora de que nós também trazemos em nós essas experiências irritantes e decepcionantes, e voltamos a libertá-las outra vez no relacionamento com as outras pessoas. É a nossa sombra que se projeta ao nosso redor, e temos de reconhecer esse mundo interno sombrio e integrá-lo, em vez de combatê-lo no exterior a ferro e fogo. Em todo o caso, a mensagem de muitos mitos de que não é o caminhante solitário que chega ao objetivo, mas somente o herói ou heroína que se permite ser guiado pelo seu condutor de almas (do sexo oposto) nos dá o que pensar. Somente quando tivermos confrontado intensamente o sexo oposto, podemos nos tornar inteiros. O retraimento amargurado, o endurecimento brusco ou a falsa independência (autoimposta) não são soluções. Quem fracassa nos relacionamentos, ou quem foge do outro sexo por muito tempo, fracassa em uma parte essencial de suas vidas. Uma pessoa sozinha sempre será a metade de sua totalidade.

A carta do tarô nos mostra Adão e Eva amarrados por correntes em poder do Diabo. Ela representa a dependência, o vício e a falta de liberdade, sugerindo que estamos fazendo algo contrário às nossas convicções, contrário à nossa vontade. O motivo é notório: não somos livres, estamos presos e, portanto, somos manipuláveis. Mas como podemos ver na carta, as correntes estão suficientemente frouxas para que ambos possam se soltar delas. Mas para isso eles teriam de compreender o que os mantém presos. E é exatamente nisso que está o problema. É muito difícil para nós reconhecermos as causas originais de nossas dependências e vícios.

Por trás de cada vício, está uma busca que não deu certo. Muitas vezes, as correlações são tão recalcadas que não sabemos mais o que realmente procuramos e, com frequência, não temos mais certeza se estamos procurando alguma coisa. Apenas sentimos as consequências, como por exemplo continuar a fumar mesmo que já tenhamos desisitido várias vezes ao cigarro. Ao menos, na primeira metade do caminho, procuramos solucionar esses problemas com o método "masculino" da "eliminação", fiéis ao lema: "Se eu quero, então eu posso!" ou "Seria ridículo eu não conseguir controlar isso!" Aparentemente algumas pessoas são bem-sucedidas nessa tarefa. Com grande firmeza, elas reprimem o sintoma e acreditam que assim resolveram todo o problema. Mas é claro que essa não é a solução. Dessa maneira, nenhum fumante deixa de sê-lo, mas na melhor das hipóteses torna-se um fumante que não fuma. Mais cedo ou mais tarde o problema acha outro sintoma para não cair no esquecimento, e raramente a consciência reconhece a correlação envolvida. Mas muitas pessoas recaem antes de chegar nesse ponto e fracassam por suas boas intenções – das quais sabemos que o inferno está cheio. E é exatamente aí que nos encontramos agora.

Aqui no mundo da sombra reside o verdadeiro problema. Quando o solucionamos, também o sintoma é curado. A dificuldade está em rastrear o problema atual e descobrir o que *realmente* estamos procurando, que aspectos internos ainda não vivenciados querem nascer. Quebrar a cabeça e pensar é o que menos nos ajuda a prosseguir. Nossa consciência apenas nos dará sugestões que passam ao lado da verdade, pois estes aspectos foram fragmentados por uma boa razão. O Ego sente-se muito ameaçado pelo que nos falta, e por isso o baniu para o reino da sombra. O Ego de preferência "fará o diabo" antes de deixá-lo entrar na consciência. Mas o nosso Self, que nos quer levar à totalidade, cuida continuamente para que encontremos outra vez esse tema pelo qual procuramos, mesmo que a nossa consciência não queira reconhecê-lo e, em vez disso, negue firmemente que essas coisas tenham algo a ver conosco. Para quem de fato quer compreender, uma atenção plena nesse ponto é de grande ajuda, isto é, observar fielmente tudo o que sempre voltamos a encontrar, tudo o que vive nos ocupando interiormente ou se mostra em nossos sonhos.

Se a nossa razão não resistir às mensagens oníricas, mas nos deixar entender que fugir não é a solução, que exatamente para onde "queremos fugir", onde nos esquentamos e ficamos zangados, pode estar o verdadeiro tesouro, muito se alcançou. Para a solução do problema, estranhamente, nem sequer é necessário compreendê-lo. Basta acontecer o certo. Isto é, a nossa compulsão é resolvida no momento em que damos o passo certo, mesmo que nunca reconheçamos ou entendamos o que aconteceu, e como esses dois temas estavam interligados.

Chama a atenção como em certos círculos ditos esotéricos se costuma fazer um grande rodeio para falar de tudo o que parece escuro, oculto ou sinistro como o diabo. Para muitas pessoas, parece não haver contradição em falar constantemente de cura e de totalidade para, no mesmo momento, jurar nada ter a ver com a "escuridão", ou sem querer logo transformá-la em branco, sempre que a encontra. Por isso, muitas vezes preferem-se os trajes brancos, e a meditação sobre a luz é uma tentativa desesperada de manter longe todo o escuro e todo o mal. A consequência psicológica pode ser uma mania de perseguição. Como sabemos, o inconsciente sempre se comporta de forma compensatória ao consciente, assim uma consciência clara doentia necessariamente evocará uma inconsciência escura. E como o Ego não é conquistado pelos conteúdos escuros, eles têm necessariamente de constelar-se no exterior como o mal com o qual essas pessoas se sentem cada vez mais ameaçadas. Jung nos pede para refletir: "Portanto, não se chega à claridade pela representação da luz, mas tornando consciente aquilo que é obscuro. Mas isto é desagradável e, portanto, impopular".[5] Deve dar o que pensar que o nome do Diabo seja Lúcifer, que significa "Portador da Luz". Como a força que conceituamos como escura e má pode ser uma portadora da luz? O nosso Ego é muito hábil ao colocar-nos sempre na luz correta, para que em comparação com as outras pessoas sempre nos saiamos bastante bem. Não que a nossa autoavaliação esteja incorreta, mas ela é extremamente unilateral porque deixa à margem aspectos essenciais. E por isso sabemos muito pouco sobre nós mesmos enquanto só ouvimos os elogios do nosso Ego. Mas se encontramos nossos lados sombrios e reconhecemos que eles também fazem parte de nós, abre-se em nós uma luz que diz que nós *também* somos isso. Por isso, os gnósticos gostavam de comparar o mal com um espelho quebrado caído do céu. Um espelho não tem imagem própria. Ele mostra a cada um que olha para ele uma imagem, que ele não poderia ver sem o espelho. Nessa verdade ampliadora da consciência, está o aspecto lúcido do Diabo.

Enquanto um ser humano não sabe nada sobre a sua sombra, ele se acha inofensivo. Mas diz Jung: "Mas quem conhece

---

[5] C. G. Jung. *Studien Über Alchemistische Vorstellungen (Band 13)*. [*Estudos Alquímicos*. Obras Completas, vol. 13 § 335.]

sua sombra sabe que não é inofensivo".⁶ Quanto menos reconhecermos a escuridão em nós, tanto menos confiaremos no nosso oponente. Uma pessoa amargurada, amargura também as pessoas com as quais convive. Evitamos os confrontos necessários assumindo que todas as pessoas são boas. Nosso Ego nos adula com a ideia de que temos tanto amor por todas as pessoas que por isso nos encontramos num nível superior de desenvolvimento ao dos pobres não iluminados, que ainda têm de lidar com uma vida repleta de conflitos e com pessoas desagradáveis. Não é um humanismo grande demais, mas a mais pura covardia o que nos impede de engajar-nos realmente no que acreditamos ou de lutar por nossos direitos. Isso não raro nos torna vítimas, porque não queremos ver como os outros tiram vantagem de nossa vulnerabilidade, nos traem ou nos ridicularizam.

Assim como nós temem os o encontro com a própria sombra, também evitamos o confronto com os aspectos sombrios das outras pessoas. Em vez disso, preferimos embelezar ou subestimar o que não queremos ver. A aparente vantagem é que o mundo permanece intacto. Mas a desvantagem óbvia é que não só que a pessoa se torna a vítima repetidamente, mas que fique enrijecida nesse papel e no nível de consciência de uma criança inocente, que não consegue acreditar que o mundo é terrível. Como criança, talvez tenhamos aprendido que é suficiente sermos bem comportados. Mas como adultos, essa posição infantil logo se torna ridícula e cada vez mais problemática. Marie-Louise von Franz disse sobre isso: "A única possibilidade de não passar pela vida como um tolo inocente, bem educado, protegido pelo pai e pela mãe de todo o mal deste mundo e portanto batido, traído e roubado em cada canto, está em descer às profundezas do próprio mal, o que nos coloca na posição de reconhecer instintivamente o elemento correspondente nas outras pessoas".⁷

---

⁶ C. G. Jung. *Praxis der Psychotherapie (Band 16) – Spezielle Probleme der Psychotherapie*. [*Ab-reação, Análise dos Sonhos e Transferência*]. Obras Completas, vol. 16/2 § 452.]

⁷ Marie-Louise von Franz. *Die Suche nach dem Selbst*. [A Busca do Si Mesmo], p. 18.

As cartas do Enamorado (VI) e do Diabo (XV) estão ligadas pela soma transversal. No Tarô Rider-Waite-Smith, essa correlação ainda é acentuada por um motivo semelhante. Vemos Adão e Eva antes e depois do pecado original. Na carta do Enamorado, eles estão sob a proteção de Rafael, o guardião da Árvore da Vida, o curador da Terra e dos seres humanos. Esse arcanjo também vale como guia através do inferno e como domador do anjo negro Asael, um correspondente do diabo no Velho Testamento, o qual tem o poder sobre as pessoas da 15ª carta. A ligação dessas duas cartas nos desafia a nos livrarmos de entrelaçamentos, dependências e servidões (O Diabo) a fim de trilhar o caminho da livre decisão do coração (O Enamorado).

As duas cartas, contudo, se mostram como os dois polos da mesma experiência; um conhecimento que na verdade esconde algo monstruoso. O ser humano sente-se muito nobre, bom e puro e acredita estar livre de toda maldade quando ama com toda a intensidade do seu coração. O entrelaçamento dessas duas cartas mostra que, mesmo quando estamos totalmente convencidos da pureza dos nossos motivos e do nosso verdadeiro amor, surge uma polaridade contrária sombria na forma de cobiça, luxúria, sede de poder e sentimento de posse, e outros aspectos hediondos. No entanto, também acontece o contrário: mesmo quando só enxergamos o mal nas outras pessoas, quando juramos vingança e de preferência gostaríamos de destruí-las, mesmo então existe uma polaridade oposta luminosa, ainda que esteja reprimida. Por trás do ódio, da raiva e da repugnância, escondem-se sentimentos de amor condensados até tornarem-se insuportáveis.

O conhecimento de que essas duas polaridades de fato se pertencem e só juntas formem a totalidade – como o claro e o escuro, como o dia e a noite – é insuportável principalmente para os nossos sentimentos nobres e sagrados. Gostaríamos de manter em nós apenas o lado luminoso e de mandar o lado escuro para o inferno. A tristeza dessa tensão aparece nas famosas palavras de Fausto, com as quais Wagner explica a ingênua benignidade ao representante: "Você só tem conhecimento de um

O caminho da livre decisão
do coração.

Dependência e
entrelaçamentos passionais.

desejo. Nunca queira conhecer o outro! Ah! Duas almas moram no meu peito! Uma quer separar-se da outra".[8]

	Palavras-chave para a carta
	O DIABO
ARQUÉTIPO:	O adversário
TAREFA:	Superação das resistências internas, visão dos aspectos sombrios não vivenciados, tornar o escuro consciente, retomar as projeções
OBJETIVO:	Entender os próprios erros, descobrir lados desconhecidos do próprio caráter, libertar-se dos vícios
RISCO:	Tornar-se escravo da Sombra, reincidir no erro, destemperança, luxúria, lutas de poder
DISPOSIÇÃO ÍNTIMA:	Servidão, dependência, loucura, estar sob as garras do Diabo

---

[8] Johann Wolfgang von Goethe. *Fausto* I, linha 1.110.

A TORRE

A Torre
A libertação dramática

Depois que o herói tiver êxito em entrar no submundo, o importante agora é liberar o tesouro perdido, a alma que foi vendida, ou seja o que for que estiver preso nas garras do adversário. Essa tarefa corresponde à carta da Torre. Ela representa a vitória sobre a guarda, matar o dragão, a destruição repentina da prisão, a liberdade da alma aprisionada, o arrombamento dos portais do inferno.

A carta mostra um raio, que atinge a Torre e derruba a sua coroa. Uma coroa dessas, fechada em cima, significa que não se reconhece nenhum poder acima do seu. Isso faz da Torre um símbolo do orgulho, da megalomania e da exaltação do Ego, como a famosa Torre de Babel.

Como o dedo indicador de Deus, o raio simboliza um acontecimento exterior que leva à mudança radical e ao desmoronamento de uma velha ordem. Da mesma forma, pode tratar-se de um raio de inspiração, que de súbito nos permite perceber como nossas ideias até o momento estavam erradas e o quanto construímos sobre a areia. No entanto, o seu significado fica mais claro quando a comparamos com a carta 4 de Paus (ou Bastões) que, nos Arcanos Menores, representa o polo oposto da Torre.

Ambos os motivos mostram uma grande construção: um castelo e uma torre. Em ambas as cartas, estão as mesmas pessoas, usando trajes similares. Enquanto elas alegremente deixam o castelo na carta 4 de Paus, na carta da Torre elas são arremessadas para fora. Para compreender a correlação dessas duas cartas, podemos imaginar como motivo do 4 de Paus o lar ideal da nossa infância. O castelo em segundo plano representa – como o lar parental – a segurança que nos amparava enquanto saíamos curiosos e receptivos para explorar o mundo, acompanhados da certeza profunda de poder voltar à segurança do lar parental.

A Torre e o 4 de Paus como polos opostos.

Assim, a carta 4 de Paus significa paz, franqueza e senso de segurança dentro de uma moldura harmoniosa. Mas, quando continuamos a viver no mesmo quarto de criança aos 40 anos, e a mãe nos serve o café da manhã como antes, então o que originalmente era harmonioso e apropriado se tornou reduzido porque nós crescemos. Essa estrutura apertada demais tem de ser destruída. Por isso, a Torre significa algo a que nos apegamos por muito tempo, que já foi completamente apropriado, mas que agora se tornou muito limitado, tímido, fora de época, cristalizado e que, em última análise, representa uma prisão.

Assim, a carta pode representar a destruição de uma visão limitada de mundo, de um sistema de valores antiquado ou ingênuo demais, a libertação de um condicionamento restritivo ou também o desmoronamento de uma falsa autoimagem. Mas, ao mesmo tempo, a Torre representa a ruptura para uma liberdade maior. O problema se resume no fato de que nos acostumamos muito bem à nossa prisão. Ela era apertada, mas nós a conhecíamos muito bem. E costumamos nos apegar ao conhecido, mesmo que seja a velha e conhecida miséria. Por isso, via de regra, vivemos com medo do desmoronamento simbolizado pela Torre e muitas vezes o consideramos uma catástrofe. Só mais tarde, olhando em retrospecto, reconhecemos nele a libertação decisiva.

Se provocado interna ou externamente, o raio simboliza uma modificação súbita, que faz ruir nossas conclusões precipitadas. Pode ser um aviso de demissão do emprego, uma separação repentina, o fracasso de expectativas firmes ou o abalo da nossa autoimagem. Nesses

A Torre de Babel,
símbolo da megalomania.

casos, tomamos consciência de que a realidade é maior e diferente do que a havíamos imaginado. E esta é precisamente a percepção significativa que nos aguarda neste ponto.

No esforço para eliminar todas as incertezas, "esclarecer" todas as inseguranças e controlar até mesmo o imprevisível; o nosso Ego havia idealizado a realidade e estabelecido os limites dentro dos quais sentia-se seguro. Egos com ideias semelhantes gostam de juntar-se a grupos de um mesmo interesse, que apresentam a vantagem de os membros confirmarem e darem razão às ideias uns dos outros, o que faz bem ao Ego de cada um e aumenta a confiança no mundo imaginário comum, a única realidade "verdadeira". Egos com outras ideias são deixados de lado ou, na melhor das hipóteses, são alvo do riso e da zombaria porque são "tão tolos", "tão ignorantes", porque "não entendem nada" ou "simplesmente porque não fazem ideia das coisas".

Quando os palácios, em que nosso Ego se sentia tão bem, desmoronam, reconhecemos subitamente a realidade por trás das nossas imagens (A Queda do Gigante).

Caso as ideias dos outros sejam vistas como uma ameaça, o Ego acredita que tem de combatê-las e, se necessário, destruí-las. Assim sendo, o Ego gosta de andar pela vida com a firme convicção de conhecer melhor a verdade e de a ter pesquisado, e todo seu empenho está em tentar confirmar sempre e em toda parte as ideias em que acredita.

Nós amamos muito mais as imagens que fazemos da realidade do que a própria realidade. Nós nem sequer percebemos que as nossas ideias se interpõem entre nós e a realidade e que, com isso, nos separam da experiência direta da realidade. Como conclusões precipitadas, consideramos verdadeiras as imagens que nossos pensamentos criaram – alimentados por lembranças, desejos, medo ou cobiça. Nossa razão interessa-se muito menos por conhecer a realidade objetiva do que por apegar-se a uma ideia favorável, cômoda, mas principalmente conhecida. Por exemplo: alguém pode alimentar secretamente a suspeita de que algo não vai bem em um relacionamento. Mas logo deixa esse pensamento de lado e tenta convencer-se de que, na verdade, tudo é maravilhoso; pois, caso contrário, terá um problema e terá de questionar-se, talvez até mesmo de modificar-se. Então é muito mais cômodo negar todos os indícios e convencer-se de que está tudo em ordem, ou ao menos normal, porque afinal, os vizinhos e amigos não vivem melhor. Mas então chega o dia em que se descobre perplexo a realidade por trás das imagens, diante da qual desmoronam os belos palácios, a Torre de Marfim que o Ego construiu com tanta satisfação. Então, essa pessoa tem de constatar, assustada, que a realidade é totalmente diferente do que sempre imaginou. Essa é a Torre.

Nem sempre as imagens a que nos apegamos são felizes. Do mesmo modo, podemos sofrer com as imagens que fizemos da realidade. Há dois mil anos, o filósofo grego Epíteto constatou que não são as coisas em si que nos perturbam, mas a ideia que fazemos delas. Elas podem tornar-se ideias fixas que nos amarguram a vida. Quando, por exemplo, o Ego se enrijece com a ideia fixa de que elevadores são perigosos, a pessoa treme de medo cada vez que tem de subir em um deles, pois tem a firme convicção de que o elevador no mínimo ficará parado ou então cairá no fundo do poço. Mais cedo ou mais tarde, ela começará a evitar todos os elevadores e seus temores passarão a ter mais conteúdo de verdade do que os mais sensatos argumentos e experiências. O preço dessas ideias fixas, além da constante limitação da liberdade de movimentos, é um maior sofrimento na vida.

Nesses casos, a Torre também pode significar uma experiência-chave, o raio de inspiração que possibilita a ruptura para a liberdade.

Como as paredes da Torre nos impedem de ver o todo maior, porque elas nos separam da Unidade como qualquer limite, elas têm de desmoronar. Nas palavras de Krishnamurti, trata-se do "esvaziamento" da consciência, do seu descondicionamento e da sua purificação em relação ao passado.[1] Mas como o nosso Ego se apega demais às próprias ideias estreitas, como um cão ao seu osso, muitas vezes ele precisa de uma experiência intensa e surpreendente para se libertar. É por isso que os contos

---

[1] Ver *Vanamali Gunturu*. Krishnamurti, pp. 149ss.

de fadas são tão radicais quando se trata de aniquilar o mal, pois consideram como mal aquilo que quer impedir a tomada de consciência. Por isso, o mal é impiedosamente banido nos contos de fadas.²

Num nível mais profundo, a Torre abre a porta para uma verdade imensurável, à medida em que permite que sistemas de valores antigos e condicionados desmoronem e abalem a ordem tão apreciada pela mente ocidental – como a não ambiguidade, a clareza e a lógica em seus fundamentos. É exatamente nisso que está o principal pressuposto da experiência da realidade superior, da unidade de todas as coisas que, segundo sua essência, tem de ser paradoxal. Romper a limitação dos nossos bloqueios de consciência sempre foi o objetivo dos grandes mestres da sabedoria, que – como talvez o legendário mestre sufi Mullah Nasrudin – por meio de inesperados saltos de pensamento abalam as mais firmes convicções, da mesma forma como fazem perguntas que, para nossa surpresa, fazem nossas conclusões precipitadas parecerem absurdas. Pelo mesmo motivo, os praticantes do Zen-budismo recebem enigmas paradoxais (*koans*) que a lógica não pode resolver, para sua meditação. A consciência que se esforça em busca de clareza está destinada a fracassar.

Apesar de tudo isso, não devemos subestimar o que significa quando a Torre da consciência estreita ou falsa é derrubada, pois "o colapso da orientação consciente não é assunto negligenciável", como enfatiza Jung. "Corresponde a um fim de mundo em miniatura, como se tudo voltasse de novo ao caos original. O indivíduo sente-se abandonado, desorientado, como um barco sem leme entregue ao capricho dos elementos. Pelo menos, assim parece. Na realidade, porém, mergulhou de novo no inconsciente coletivo, que assume a direção."³ Mas ele também adverte que existem muitos casos em que o desmoronamento significa uma

---

² Ver Marie-Louise von Franz. *Der Schatten und das Böse im Märchen* [A Sombra e o Mal nos Contos de Fadas], p. 126.

³ C. G. Jung. *Zwei Schriften über Analytische Psychologie (Band 7) – Die Beziehungen zwischen dem Ich und dem unbewussten (2. Schrift).* [O Eu e o Inconsciente. Obras Completas, vol. 7/2, § 254.]

catástrofe, que arruína a vida como era até então, porém uma voz interior dá à vida uma nova direção. Pois o modo como vivenciamos a Torre depende totalmente de como nos aproximamos dela e do quanto nós amadurecemos no caminho já percorrido. Quanto mais permeáveis, condescendentes ou pedantes formos, tanto mais dramática será a experiência. Jung até mesmo disse: "Uma consciência inflacionada(...) hipnotiza a si mesma e portanto não é aberta ao diálogo. Consequentemente está exposta a calamidades que até podem ser fatais".[4]

Transposta para o caminho de desenvolvimento do ser humano, existem muitas correspondências para a experiência da Torre. Por um lado, trata-se aqui da libertação da alma vendida, do levantamento do tesouro difícil de encontrar, um símbolo da quarta função da consciência até agora negligenciada e desprezada (veja pp. 111 e 112) e das transformações, abalos e novas avaliações da nossa visão de mundo. Por outro lado, trata-se de viver algo que nunca ousamos viver, porque não tínhamos coragem, porque havíamos vendido nossa alma em troca de segurança, estabilidade ou a algum outro falso sistema. Como resultado, a Torre pode significar que "explodimos uma bomba", rompemos com as circunstâncias restritivas, pedimos demissão do emprego, deixamos simplesmente de participar do jogo, ou subitamente mostramos um lado nosso do qual ninguém nos supunha capazes (inclusive nós mesmos).

Do mesmo modo, A Torre pode representar a superação da mesquinhez, o rompimento das correntes que até agora aprisionavam e restringiam os nossos corações. No conto de fadas do Rei Sapo, ele coaxa logo três vezes, quando os laços se soltam do coração do fiel Henrique, e a cada vez diz:

> "Henrique, o carro quebrou."
> Não, senhor, não foi o carro.
> É uma corrente forjada no meu coração,
> que temia se partir em dois..."

---

[4] C. G. Jung. *Psychologie und Alchemie (Band 12)*. [*Psicologia e Alquimia*. Obras Completas, vol. 12 § 563.]

Mas naturalmente aqui também se trata da superação daquilo que até agora confundia a visão, do que exercia um poder inconsciente sobre nós, levando-nos a fazer coisas para as quais não tínhamos explicação e que de muitos modos nos paralisavam e impediam de viver. Vista sob esse ângulo, a Torre corresponde ao motivo central de muitos mitos e contos de fadas, que nos contam sobre a vitória contra o adversário, ou um dragão, que atemorizava e assustava todo mundo, bem como a libertação do que ele mantinha prisioneiro. Por um lado, esse monstro pode ser entendido como a nossa resistência interior que, diante da nossa missão de vida, nos faz dizer: "Tudo, menos isso!" ou ainda de forma mais drástica: "Prefiro morrer!" (veja pp. 163 e 164). Sem dúvida, superar essa resistência e fazer o que estava fora de questão até agora é uma forte experiência da Torre.

Por outro lado, podemos entender o dragão como uma autoridade controladora interna, como a imagem de pai ou de mãe poderosos da qual não nos pudemos livrar até o momento, à qual estamos aferrados e que há muito tempo nos impede de trilhar nosso próprio caminho. Esse é o tema de muitos mitos e contos de fadas. Quando João está preso na casa de doces no meio da floresta – um atraente paraíso do prazer – e a bruxa quer devorá-lo, isso corresponde a uma imagem totalmente inconsciente (= meio da floresta) da mãe sombria à qual está aprisionado até ser salvo por Maria, sua *anima*. Temos a situação inversa no conto de A Bela Adormecida, só que aqui o *animus* leva cem anos antes de libertá-la do campo de força da Fada sombria. Já os contos de fada como o de *Rumpelstiltskin*, no qual um pobre moleiro desperta as maiores expectativas em relação à sua filha porque diz ao rei que ela podia fiar ouro, dizem respeito a superação da imagem paterna e suas expectativas.

Sem querer reduzir as mensagens desses contos de fadas a uma única interpretação, eles nos mostram como é importante sair da sombra de um pai ou de uma mãe muito poderosos não só para ficarmos livres, mas também para sermos capazes de nos relacionarmos. Pois é indiferente se nos aprisionamos a uma imagem positiva ou negativa dos pais, pois, enquanto ela tiver poder sobre nós, não estaremos livres para encontrar abertamente o

Perseu vence a Medusa. À direita do quadro, sua deusa protetora, Atena.

sexo oposto. Ficamos tão emaranhados num relacionamento de amor e ódio com as figuras parentais que nem chegamos perto de nos abrir a uma outra pessoa, ou somos tão dominados pelo aspecto sombrio que ficamos horrorizados e nos mantemos longe do sexo oposto. Mas, mesmo quando a imagem interior é positiva, temos de nos livrar dela, caso contrário, ficaremos comparando constantemente as pessoas do mundo externo a essa imagem parental interna. E como as imagens anímicas são completas, o que infelizmente não se pode dizer dos homens e mulheres "lá fora", nos desapontamos e fracassamos em nossas relações, uma após a outra. A

Édipo consegue uma vitória aparente contra a Esfinge.

A barca atravessa o submundo. Rá, o deus solar, é ameaçado por Apófis.
Na ponta da barca, Seth está em pé.

fidelidade à imagem parental interior continuará inquebrantável. Assim, o momento em que Perseu corta a cabeça da Medusa pode ser entendido, em certo nível, como a superação de uma imagem interior muito poderosa da mãe. Mas ele somente teve êxito nessa empreitada com a ajuda da sua *anima*, na figura da deusa protetora Atena, com a qual estava em constante contato. Ela lhe deu sapatos, foice, sacola e escudo. Ela o levou até as Górgonas e explicou-lhe passo a passo como teria de agir. Sem o apoio dela, ele certamente teria fracassado. Mas, com a ajuda do feminino, ele pôde superar uma imagem feminina muito poderosa.

Édipo, ao contrário, tentou fazê-lo unicamente com a força da sua razão, sem a ajuda da sua *anima*. Como resultado, apenas conseguiu uma vitória aparente. É verdade que solucionou o enigma que a Esfinge lhe apresentou e que libertou a cidade de Tebas de seu terror. No entanto, ele não se interessou pelo enigma que a própria Esfinge encarnava, como símbolo da feminilidade insondável, nem ele o reconheceu ou resolveu. Com uma soberba alegria pela vitória, ele considerou erroneamente a parte como o todo e fez-se coroar como rei, como um grande vencedor. Sua *anima*, sua condutora de alma, com certeza o teria aconselhado melhor. Assim, inconscientemente, casou-se com sua mãe e entregou-se inteiramente ao feminino que acreditava ter vencido, à imagem interior da mãe. Quando sua falsa visão do mundo – como sua torre – desmoronou e ele teve de reconhecer a realidade por trás do que na verdade era uma conclusão precipitada, isso para ele foi tão terrível que ele enlouqueceu.

O mito da jornada noturna do deus egípcio Rá pelo mar fala também de uma total perturbação das ideias conhecidas à meia-noite. Aqui, no ponto mais profundo de sua jornada, Rá enfrentou o maior de todos os perigos. Apófis, a serpente marítima noturna, sorveu o Nilo subterrâneo com um único gole, esvaziando-o, de modo que a barca ficou presa em um banco de areia. O deus solar não pôde continuar sua jornada e não haveria uma nova manhã, não fosse por Seth, que venceu Apófis e a obrigou a cuspir toda a água de volta para que a barca pudesse prosseguir. O que para nós parece apenas uma história inofensiva, para os ouvidos dos antigos egípcios deve ter parecido inacreditável, pois Seth era considerado um vilão e o arqui-inimigo do deus solar durante o dia. Mas aqui, à meia-noite, ele é o único que pode assegurar a continuidade da jornada da barca. Isso era tão ultrajante que não se ousava pronunciar o seu nome e só se murmurava: "Aqui o maior de todos os magos ajudou o grande Rá". Mas cada um sabia quem era esse grande mago. A mensagem impressionante dessa antiga narrativa diz: na hora mais sombria, as avaliações em preto e branco da nossa consciência diurna desmoronam. Aqui elas não valem nada. Aqui até mesmo aquele que sempre consideramos nosso maior inimigo pode ser o único que nos ajudará na ruptura decisiva. Esse segundo plano também faz aparecer sob nova luz o mandamento divino: "Amai vossos inimigos".

A Torre no Tarô de Marselha.
A coroa é derrubada por uma pena.

A partida para o
mundo exterior.

A ruptura na jornada
através da noite.

Nas cartas mais antigas do tarô, a coroa da Torre é derrubada por uma pena. Como símbolo de Maat (veja p. 161), ela significa a justiça divina, que destrói o que é falso e desequilibrado.

A Torre (XVI) está ligada à carta do Carro (VII) pela soma transversal. Se o Carro mostra a partida do herói para o mundo exterior, a Torre representa a ruptura decisiva na jornada através da noite.

Palavras-chave para a carta

A TORRE

ARQUÉTIPO:	A libertação
TAREFA:	Explosão dos limites muito estreitos, libertação de estruturas antiquadas, cristalizadas, superação de pensamento em branco e preto, "lançar uma bomba"
OBJETIVO:	Desprender-se das poderosas imagens interiores e das ideias fixas, ruptura para a liberdade
RISCO:	Fracasso, desmoronamento
DISPOSIÇÃO ÍNTIMA:	Fases de perturbação, de incerteza, de modificações surpreendentes e de libertação

A ESTRELA

A Estrela
A fonte da juventude

Finalmente o nosso herói chegou à água da vida. Seu segredo não é a qualidade da água, mas a dificuldade para encontrá-la. Como em Fantasia, o submundo da *História sem Fim*, sempre fica "nos limites". No entanto, assim como Fantasia e o inconsciente são ilimitados, são os limites internos os que nos restringem. Agora, depois que os muros da prisão foram destruídos e que a poeira assentou, a alma libertada respira e ganha nova esperança. Ela, que ficou aprisionada por muito tempo na torre da falsa consciência, sente, alegre, uma liberdade nunca antes experimentada, em cuja amplidão se vislumbra um grande futuro repleto de perspectivas inesperadas. Essa sensação de felicidade causada pela liberdade ilimitada ressoa nas palavras de Dante, quando diz ao sair do Inferno: "Então saímos e tornamos a ver as estrelas".[1]

O mito de Eros e Psiquê também menciona essa água misteriosa. É a terceira tarefa que a irada Afrodite impõe a Psiquê, a qual, desesperada, procura por seu amado. Ela tem de encontrar um recipiente de cristal numa fonte impossível de alcançar, que é alimentada pelos rios do submundo, Estige e Cócito, e vigiada por perigosas serpentes. Na situação em que se encontra, totalmente desesperançada, Psiquê recebe a ajuda da águia de Zeus, o rei dos deuses, pois Zeus deve um favor a Eros, o amado dela. Assim, também nesta história vemos a ligação com o *animus* como chave essencial para a solução do problema. Segundo Erich Neumann, o que torna o caminho de Psiquê especial "é que ela não cumpriu a tarefa que lhe foi imposta de maneira direta, mas sim indiretamente, e o fez com a ajuda do masculino, mas não como uma criatura masculina. Isso porque, embora seja

---
[1] Dante, Alighieri. *A Divina Comédia*, Canção 34, Verso, 139.

forçada a construir o lado masculino da sua natureza, ela permanece fiel à sua feminilidade.[2]

A carta do tarô mostra muitos símbolos oraculares, que representam o olhar para o futuro e, ao mesmo tempo, para a sabedoria do cosmos. As estrelas apontam naturalmente para a astrologia, o seu número bem como seus oito raios tornam presente o símbolo do oito, como número intermediário entre o em cima e o embaixo, entre o céu e a Terra. O pássaro na árvore pode ser visto como indicação da divinação pelo voo dos pássaros. Principalmente na Antiguidade, as aves migratórias eram consideradas mensageiras dos céus, pois no inverno elas ouviam o conselho dos deuses. Pela formação e pelo comportamento das aves no voo de regresso, na primavera, era possível ler os augúrios, o que os deuses haviam reservado para o ano vindouro. Os pássaros também simbolizam a capacidade para a vidência das divindades às quais pertencem. Assim, por exemplo, Íbis é o pássaro do deus egípcio da sabedoria, Thoth, ou os dois corvos Hugin e Munin que acompanham o deus germânico Odin (veja pp. 104 e 105) e, naturalmente, os grous, pássaros de Apolo, o deus oracular de Delfos.

A árvore representa a sabedoria desperta e tanto era a base do calendário quanto o prognóstico do futuro no horóscopo das árvores celta. Todos esses oráculos transmitem a lei cósmica e podem abrir uma visão do futuro. E é aí que está o principal significado da carta. É como se os olhos do herói fossem abertos, tanto os interiores como os exteriores! Aqui o futuro se abre para ele. Ele consegue reconhecer as novas possibilidades que conquistou pelo seu ato de bravura, e como uma visão magnífica ele vê diante de si o caminho que o levará para horizontes cuja existência sequer suspeitava.

Na carta, a figura nua é a personificação de Binah, o princípio cabalístico (*Sephirot*) da inteligência superior. Aqui ela despeja a água da vida, tanto na água quanto no solo. A água torna a terra fértil e, assim sendo, é uma ligação importante para a vida, ao passo

---

[2] Erich Neumann. *Amor und Psyche Deutung Eines Märchens*, pp. 120 ss. [*Eros e Psiquê*. Cultrix, São Paulo, 2ª edição, 2017, pp. 136ss.]

Dante e Virgílio depois de saírem do inferno.
"Então saímos e vimos novamente as estrelas."

que a água derramada na água é expressão de abundância. Com isso, esta carta possibilita a visão da lei cósmica e um futuro agradável, no qual a abundante água da vida jorra até nós vinda das mais altas estrelas; significativamente mais do que precisamos.

Ademais, essa visão da ordem cósmica, essa percepção intuitiva da eternidade pode despertar uma nova consciência de

Diké fiscaliza as leis
deste mundo.

Têmis personifica as
leis do Cosmos.

tempo, que já era intuída na 14ª carta (veja p. 177). Quando a Torre destrói a falsa consciência, rompem-se também as ideias equivocadas de um tempo apenas quantitativo, linear, pois passado, presente e futuro foram destruídos. Livres da limitação da antiga consciência, aqui nós entendemos como a nossa compreensão do tempo era unilateral e falsa, como desesperadamente perseguimos meras ilusões. Ken Wilber descreve assim esse esforço inútil: "Incapazes de viver no presente atemporal e de nos banharmos nos prazeres da eternidade, buscamos como um anêmico substituto a mera promessa do tempo, sempre com a esperança de que o futuro traga o que tanto nos falta no presente".[3] Esse salto da consciência assemelha-se a um banho na fonte da juventude, que nos salva de ficarmos rígidos no tempo e nos dá de presente a libertação dos limites do tempo. Trata-se da compreensão profunda que Sidarta obteve no final da sua jornada, quando o rio lhe ensinou que o tempo não existe; pois o rio está ao mesmo tempo em todo lugar, na fonte e na embocadura, na

---

[3] Ken Wilber, *Wege zum Selbst*, p. 88. [*A Consciência sem Fronteiras*. Cultrix, São Paulo, 1991 (fora de catálogo).]

cascata, em volta da balsa, na cachoeira, no mar, nas montanhas, em todo lugar, ao mesmo tempo. Para ele só existe presente, não há sombra do passado nem do futuro.[4]

A Estrela (XVII) está à Justiça (VIII) pela sua soma transversal, desde que mantenhamos sua numeração original. Enquanto o herói aprendia as leis do mundo na oitava etapa, agora ele ou ela entende as leis do cosmos e conquista o conhecimento das correspondências superiores, universais. No mundo dos deuses gregos, esses princípios interconectados eram encarnados pelas deusas Têmis e sua filha Diké. Têmis, filha de Urano (Céu) e de Gaia (Terra), é a personificação da ordem eterna e da justiça. Ela corresponde aos temas da Estrela, visto que o oráculo de Delfos lhe pertencia até ter sido tomado por Apolo. Por outro lado, sua filha Diké, que é representada na carta da Justiça, é considerada a deusa que garante a aplicação da justiça na Terra por meio de sua espada forjada pelo destino.

	Palavras-chave para a carta **A ESTRELA**
ARQUÉTIPO:	Sabedoria
TAREFA:	Criar esperança, visão de um novo futuro
OBJETIVO:	Entender o quadro maior, obter a visão de sabedoria do cosmos
RISCO:	Deixar de ver o presente de tanto pensar no futuro, assentar-se em uma luz ilusória
DISPOSIÇÃO ÍNTIMA:	Confiança no futuro, sentir-se jovem e revigorado

---

[4] Ver Hermann Hesse. *Siddhartha* (Sidarta), p. 98.

A LUA

A Lua
O perigoso regresso

O caminho que ficou para trás levou o herói a passar por dez etapas, que correspondem ao significado astrológico de cinco planetas: Mercúrio, Vênus, Marte, Júpiter e Saturno, em suas duas polaridades.

As cartas, desde a Temperança (XIV) até a Lua (XVIII), e as cartas ligadas a essas pela soma transversal – desde o Hierofante (V) até o Eremita (IX) – representam de forma vívida as duas polaridades desses planetas.

Mercúrio (☿), o deus dos caminhos, que na mitologia grega também é conhecido como Hermes Psicopompo, isto é, como condutor de almas, é mostrado no Hierofante (V) como o educador e guia no mundo externo e, na Temperança (XIV), como o verdadeiro condutor de almas através da noite.

Vênus (♀), a deusa do amor, é refletida em seu aspecto luminoso pela carta dos Enamorados (VI), ao passo que sua polaridade sombria, o enredamento nas paixões, é visto no Diabo.

Marte (♂), mostra sua força primaveril na partida do herói na carta do Carro (VII), ao passo que na Torre (XVI) reflete seu aspecto violento, mas sobretudo seu aspecto guerreiro e destruidor, que tanto pode levar à destruição como à ruptura.

Júpiter (♃) na Antiguidade era considerado o juiz maior, acima dos deuses e dos seres humanos, no céu e na Terra, o que é expresso na carta da Justiça (VIII), que representa as leis do mundo, bem como na Estrela (XVII) que simboliza a sabedoria do cosmos. Júpiter era o marido de Têmis, que corresponde à Estrela como deusa da justiça divina. A filha em comum Diké (a Justitia romana), deusa da justiça terrena, pode ser vista na carta da Justiça. Assim como ela, Júpiter também foi representado com uma balança na mão.

As cartas desde a Temperança até a Lua e as cartas ligadas a elas pela soma transversal – desde o Hierofante até o Eremita – sempre refletem dois lados dos planetas de Mercúrio até Saturno.

Em seu aspecto luminoso, Saturno ($\hbar$) mostra-se como o velho sábio no Eremita (IX), ao passo que o seu lado difícil, que faz o medo surgir da repressão, corresponde à Lua (XVIII). E esta carta representa a última prova no caminho.

Todavia, a obra ainda não está realizada. Apesar do monstro ter sido vencido e a alma cativa ter sido libertada, ainda resta ao herói o difícil regresso. Ele ou ela tem de achar a saída e não podem perder-se no labirinto do submundo. Nesse caminho de volta, espreitam-no perigos traiçoeiros que se transformam em armadilhas para os maiores e mais espertos heróis. Aqui foi onde Orfeu se virou para trás e perdeu Eurídice para sempre. Foi aqui também que a mulher de Ló se virou, transformando-se para sempre em uma estátua de sal.

Psiquê já havia tomado o unguento de beleza de Perséfone, porém não resistiu à tentação de abri-lo, apesar de todos os avisos contrários, e caiu em um sono mortal. Gilgamesh havia encontrado até mesmo a erva da imortalidade em sua jornada para o além – a nova compreensão do tempo, a consciência da eternidade da carta anterior. Mas assim que soltou brevemente a erva em sua jornada de volta, a fim de tomar água da fonte, veio uma serpente e a comeu.

As leis do submundo são severas: quem comer ali, nem que seja somente uma semente de romã, não pode mais voltar ao mundo superior. Foi o que aconteceu com a raptada Perséfone. Quem se sentar no Hades, nem que seja por um curto momento, fica sentado para sempre nos banquinhos do esquecimento dos quais não levanta nunca mais, como Teseu e Perito. Tudo isso deixa claro que a descida ao submundo é uma tarefa que deve ser cumprida, mas não deve tornar-se a finalidade em si. A isso corresponde o tema do conto de fadas da floresta encantada na qual o herói se perdeu. Ali ele é rodeado por seres que querem seduzi-lo e levá-lo a desistir da sua jornada, a divulgar a palavra mágica ou a esquecer o seu nome; exatamente as coisas que aprendeu com o Eremita, a carta que está relacionada com a Lua pela soma transversal. Aqui, neste local, está o maior perigo de perdermos para sempre, de um só golpe, tudo o que conquistamos com a maior dificuldade. O antigo escritor persa Nezami fala sobre isso numa história de amor não correspondido de forma incomparável em beleza e tragédia, narrada de maneira impressionante no conto "Bahran e a princesa indiana no pavilhão negro".[1]

A história é longa e bela demais para ser contada com outras palavras que não as dele, por isso não é reproduzida aqui.

Aqui também se encaixa a tragédia dos Nibelungos, que aparece novamente nas últimas cartas do tarô. As etapas que ficaram para trás foram vencidas com bravura por Siegfried. Corajosamente ele entrou na caverna onde Fafnir vigiava o ouro

---

[1] Ver Nezami. *Die sieben Geschichten der sieben Prinzessinnen* (*As Sete Princesas*), pp. 7ss.

Orfeu chora a morte de Eurídice.

puro (o Diabo), lutou com esse dragão e o venceu (a Torre). O banho no sangue do dragão lhe conferiu invulnerabilidade e, quando comeu o coração do dragão, seus olhos e ouvidos foram abertos. Ele entendeu a linguagem dos pássaros e viu Brunilda, sua *anima*, a quem prometeu libertar do castelo em chamas e com ela se casar (a Estrela). Porém, ele então bebeu sem perceber a poção do esquecimento que fora misturada para ele na corte do rei Gunter (a Lua), esquecendo-se então da bela Valquíria e casando-se com Cremilda. Com essa traição à sua *anima*, ele selou a sua queda.

Transpostas para o cotidiano, essas imagens significam que o encontro com as forças do inconsciente é perigoso e que apenas uma consciência firmemente desenvolvida tem força suficiente para não ser engolida pelo inconsciente. O perigo da descida ao submundo levar à fuga da realidade é grande, porque logo pode acontecer de o mundo real ser negligenciado e esquecido, visto que a torrente de imagens do inconsciente é muito imperiosa, muito mais bela e, no mais verdadeiro sentido, fantástica. Homero já advertia sobre o perigo de ser levado à loucura pelas forças do inconsciente, quando falou dos dois portais do país dos sonhos. Um é feito de chifre, o outro de marfim; do primeiro, provêm os sonhos verdadeiros e, do outro, os sonhos falsos.

A ambivalência também é uma razão pela qual as antigas escolas de mistério não eram acessíveis a qualquer pessoa, mas faziam grandes exigências quanto à maturidade dos candidatos. Por outro lado, atualmente o conhecimento esotérico é acessível a praticamente qualquer um, motivo pelo qual muita coisa está diluída e o verdadeiro conhecimento esotérico perde seu lugar para o "abracadabra" que assume o primeiro plano. Mas é nas margens que esse conhecimento floresce. Quem se sente atraído apenas pelas explicações mais simples e confortáveis e as considera o conhecimento secreto pelo qual orienta a sua vida, deveria se questionar se não está alegremente fugindo do mundo exterior, o que, mais cedo ou mais tarde, se transformará em uma floresta encantada de onde só poderá sair com dificuldade.

Gilgamesh (?) com a erva da imortalidade, a qual perdeu para a serpente em seu caminho de regresso.

Em outros âmbitos, há algo semelhante, por exemplo nos grupos de autoaperfeiçoamento. Por mais que sejam indiscutivelmente valiosos esses desempenhos, ainda é preciso pensar que nesses grupos se forma um "sedimento" de participantes que é transportado adiante de grupo para grupo. Essas pessoas não querem mais voltar ao cotidiano, que consideram muito hostil. Elas trocaram de mundo e não querem perder o sentimento de pertencimento que encontram em seus grupos. Sentaram-se nos banquinhos do esquecimento, perderam-se no labirinto do submundo e não sabem mais o seu nome verdadeiro. Esqueceram-se do que realmente queriam, do motivo pelo qual entraram originalmente para o grupo: ter uma experiência importante no grupo para integrá-la posteriormente no cotidiano do mundo real. Por isso Jung também adverte: "Se (...) a nossa psicologia se vê obrigada a ressaltar a importância do inconsciente, isso não significa em hipótese alguma que a importância do consciente tenha que ser diminuída. Significa apenas que se deve de certa forma 'relativizar' o consciente no caso de uma valorização excessiva e unilateral deste. Essa 'relativização' do consciente, porém, não deve chegar a ponto de permitir que o fascínio exercido pelas verdades arquetípicas subjugue o eu. O eu vive no tempo e no espaço e precisa ajustar-se às leis desta realidade para poder subsistir."[2]

A carta da Lua exibe um caranguejo que sai da água. Ele pode ser entendido como uma indicação de que se alcançou o trópico de Câncer, ao contrário do Eremita, que representa o trópico de Capricórnio através da correspondência entre Saturno/Capricórnio. Nesses dois pontos, o Sol, o exemplo divino de todos os heróis, precisa regressar anualmente. O mesmo vale para o herói, que tem de atravessar o limiar nesses dois pontos. Se a jornada pela noite começou a partir de o Eremita, com as cartas de dois algarismos, com a Lua trata de emergir das profundezas da água e retornar à luz. Desde a Antiguidade, Saturno, que corresponde astrologicamente a essas duas cartas, foi considerado o guardião dessas travessias.

Com frequência, a carta da Lua é mal compreendida, porque atualmente associamos a Lua, em grande parte, a imagens românticas. Mas aqui nos referimos ao escuro, à noite e à profunda sondagem dos espaços interiores. A Lua postou-se diante do Sol para escurecer a luz (= eclipse solar), um fenômeno da natureza que na maioria das vezes era considerado mensageiro de desgraça e

---

[2] C. G. Jung. *Praxis der Psychotherapie (Band 16) – Spezielle Probleme der Psychotherapie*. [*Ab-reação, Análise dos Sonhos e Transferência*. Obras Completas, vol. 16/2 § 502.]

O trópico de Câncer e o trópico de Capricórnio.
Nessas etapas, o Sol (e o herói) têm de regressar.

sempre foi vivido com medo e desconforto.[3] A carta mostra um vau, o lugar de uma travessia possível mas sempre perigosa, e um caminho estreito que leva às grandes torres que já foram vistas na carta da Morte. Elas são as precursoras da celestial Jerusalém, símbolo do valor mais elevado que podemos alcançar.

Mas o caminho até lá é árduo e perigoso. Ele é vigiado por um cão e um lobo. Enquanto o cão representa (como na carta do Louco) as forças amigáveis e prestativas dos instintos, o lobo personifica o seu lado perigoso e destrutivo. Ele corresponde à Cérbero, o cão infernal da mitologia grega, cuja tarefa consiste em não deixar nenhuma alma fugir do submundo. Apesar do objetivo, o local de redenção, a Jerusalém celestial já está à vista; para chegar lá primeiro é preciso vencer um trecho especialmente difícil (como andar na corda-bamba). "Mas é estreita a porta e apertado o caminho que conduz à vida e como são poucos os que o encontram!" está escrito na Bíblia no final do Sermão da

---

[3] Apesar de incomum, esta interpretação não só corresponde completamente ao sentido associativo desta carta, como também é sugerido pela numeração. O número 18 representa os eclipses, visto que todos os eclipses solares e lunares se repetem após um período de dezoito anos, o chamado Ciclo de Saros.

Na carta da Morte, as duas torres por trás das quais se pode ver um nascer do Sol são uma indicação de que a jornada através do submundo levará a um novo nascimento do Sol. Na carta da Lua, as duas torres, que são as precursoras da Jerusalém celestial, quase foram alcançadas, mas ainda não se vê a luz; a Lua colocou-se na frente do Sol.

Montanha (Mateus 7:14). Nas imagens medievais, esta etapa foi muitas vezes representada por uma ponte estreita que a alma tinha de atravessar para conquistar a vida eterna. Os contos de fadas falam de um ato de equilíbrio nesse ponto, que o herói tem de realizar atravessando um abismo profundo, um estreito perigoso, um último limiar sob a lâmina de uma espada.

O perigo correspondente no caminho do herói está em cair nas garras do aspecto sombrio da *anima* e ser levado à loucura pela guia feminina interior. Exatamente porque a verdadeira natureza do inconsciente é ser bipolar e ambivalente, o comportamento do condutor de almas também é paradoxal. Na lenda de Parsifal, a *anima* se fragmenta em um aspecto luminoso e outro sombrio. Assim, por exemplo, a mulher vermelha das estrelas e a sua contraparte sombria, a causadora de infelicidade, "la pucelle de malaire". As duas correspondem às cartas da Estrela e da Lua. No caminho da autorrealização, é decisivo entender,

A ponte estreita que conduz à vida eterna.

nesse ponto, que a *anima* não é o objetivo em si, mas que ela deseja nos levar à integridade para além dela mesma, como Beatrice que conduziu Dante à contemplação do Altíssimo pela Montanha do Purgatório.

Enquanto o herói estiver fascinado pelo lado luminoso da *anima*, a mulher das estrelas, ele também permanece aprisionado em seu aspecto sombrio, que aqui se colocou como a Lua diante do Sol no eclipse. Só quando o herói reconhecer que o verdadeiro objetivo, o Sol como símbolo do Self, está *atrás* dessa escuridão, ele conseguirá escapar do labirinto ou da floresta encantada. Em sua interpretação da Lenda de Parsifal, Emma Jung descreve essa difícil passagem da seguinte maneira: "O comportamento da *anima* é bastante paradoxal: ela se fragmenta em duas figuras opostas, entre as quais a consciência é arrastada entre uma e outra, até que o Ego comece a pensar na tarefa da individuação. Apenas quando o homem começa a intuir o Self por trás da *anima* (o Sol como símbolo do Self atrás da Lua, o aspecto sombrio da *anima*) – ele encontra o solo a partir do qual pode escapar desse vaivém. Por outro lado, enquanto ela estiver emaranhada à imagem do Self, ele não pode escapar ao seu jogo duplo, pois ela quer enredá-lo na vida e ao mesmo tempo recusá-la, quer iluminá-lo e enganá-lo, até que ele mesmo tenha achado um lugar para além desse jogo de paradoxos".[4]

Medo e contenção são palavras com significado próximo. A astrologia associa essas experiências ao planeta Saturno, o guardião dos limites. Saturno é considerado o velho sábio, que mostra a carta do Eremita (IX). A carta a Lua (VIII), associada ao Eremita pela soma transversal, corresponde ao limiar vigiado por Saturno. Trata-se do limiar do medo. No mundo externo, ele está em toda parte onde é preciso fazer algo fora do comum e ingressar em novos territórios. Mas nós também o vivenciamos tão intensamente no mundo interior, assim que adentramos o mundo do Eremita. Muitas pessoas ficam com medo quando se veem subitamente sozinhas e em meio ao silêncio de um lugar solitário. À noite, esse medo pode até mesmo, sem nenhuma razão externa reconhecível, transformar-se em pânico. Analisado do ponto de vista psicológico, trata-se do medo diante do inconsciente, que pressiona o limiar da consciência, e do qual fugimos na mesma medida em que fugimos do silêncio e da solidão.

Certa vez, Jung comparou o homem moderno com o dono de uma casa que ouve um barulho inexplicável no porão e então, para se acalmar, sobe ao sótão, acende a luz e constata que não aconteceu nada. Ir ao sótão, isto é "ir para a cabeça" e eliminar de uma vez por todas tudo o que possa nos causar medo, é fácil. Por outro lado, ir ao porão, aos espaços escuros cheirando a umidade e a mofo, ao contrário, desperta sentimentos de angústia e, por isso, é tão difícil, porque é lá que encontramos os nossos lados sombrios. Por isso, nos distraímos constantemente no dia a dia, para que a nossa energia vital flua para os objetos externos. Mas quando estamos sós no silêncio, ela flui

---

[4] Emma Jung e Marie-Louise von Franz. *Die Graalslegende in psychologischer Sicht*, p. 269. [A *Lenda do Graal*. São Paulo, Cultrix, 1990 (fora de catálogo).]

A mulher das estrelas e a lua negra como as polaridades luminosa e sombria da *anima*. Somente o herói, que reconhece o Sol (como símbolo do Self) atrás da Lua, pode alcançar o objetivo.

para o inconsciente e ativa todo o conteúdo que havíamos reprimido "tão bem".

Nos mitos de muitos povos – como nos *Upanishads* da Índia – a Lua é tida como a porta para o mundo celeste. Do mesmo modo que por trás do limiar de Saturno está o objetivo; por trás do medo, estão as experiências mais felizes e enriquecedoras que se é possível ter. Por isso, nos ritos de passagem em todas as religiões, há as experiências saturninas como o jejum, o silêncio e a solidão, que nos ajudam a atravessar esse limiar. Mesmo quando significa escuridão e medo, a carta da Lua não deve ser vista como uma "carta má", ou como uma sugestão para evitarmos alguma coisa. A tarefa aqui é não se perder, não se desencorajar pela escuridão, mas prosseguir e sinceramente assumir o caminho do medo com coragem e confiança, para alcançar o que realmente estiver por trás dele. Em situações assustadoras como essa, a psicologia nos aconselha a expressar o inconsciente na medida em que o deixamos falar. Talvez essa seja uma das razões pelas quais as pessoas que vivem em reclusão com frequência conversam consigo mesmas.

Avisado por Circe, Ulisses consegue vencer as seduções mortais das sereias.

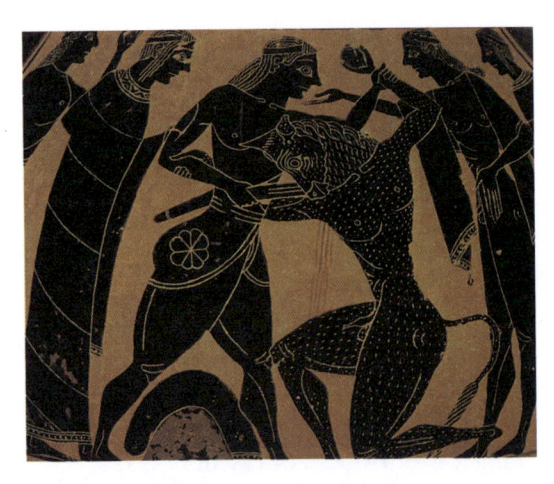

Teseu vence o Minotauro no labirinto de Creta. Mas ele só encontra o caminho de volta porque estava ligado a Ariadne por um fio.

Sabemos que Ulisses teve grandes problemas no seu regresso. Por duas vezes, havia quase alcançado sua terra natal, a ilha de Ítaca, mas a cada vez seus companheiros (as partes não integradas da sua personalidade)[5] cometiam um erro e, imediatamente, o navio era levado para o alto mar pelos ventos ou correntezas, para uma nova odisseia. Em sua jornada, que o levou várias vezes de volta ao "Pendurado" e o fez reiniciar a jornada noturna pelo mar, ele dominava heroicamente as situações que ficavam para trás. Mas sem Atena, a sua *anima*, que na forma de Circe, Calipso, Leucoteia ou Nausica acorria em seu socorro e sempre lhe dava conselhos decisivos, ele estaria perdido. Sem o conselho de Circe, ele não teria resistido às mortais seduções das sereias que tentavam despertar-lhe desejos, nem teria superado o perigoso desfiladeiro entre Cila e Caribde e conseguido sobreviver. E, com toda a certeza, sem a ajuda de sua deusa protetora, ele nunca teria conseguido voltar à sua terra natal.

Teseu também estava em constante ligação com sua condutora de almas, Ariadne, quando chegou ao centro do labirinto para matar o Minotauro. Foi ela quem lhe deu o fio, cuja

---

[5] Ver "Complexos Autônomos", p. 135.

extremidade ela mesma segurava nas mãos. Sem esse fio, o herói teria se perdido no labirinto, um símbolo do submundo. Sem essa ajuda, ele nunca teria encontrado a saída. Esse mito pode ser lido do ponto de vista de ambos os sexos. Sem a constante ligação com Ariadne, sua *anima*, Teseu estaria perdido para sempre. Por seu lado, Ariadne nunca teria sido salva se não estivesse conectada a Teseu, seu *animus*, pelo fio.

Logo na entrada do Inferno, o juiz do submundo Minos faz Dante aprender a importância de decidirmos confiar em alguém, e que é mais fácil entrar no submundo do que sair dele. Ele adverte: "Preste atenção ao entrar, cuidado em quem você confia; mas não se deixe enganar pela largura da entrada!"[6]

A mais antiga narrativa de uma ressurreição contém o mesmo motivo. É a magnífica epopeia dos antigos sumérios que canta a descida de sua rainha do céu, Inanna, para o submundo.[7] Ela conta como Inanna, a deusa do Grande Acima, abandona seu trono, a fim de visitar sua irmã, Ereshkigal, a deusa do Grande Abaixo. Mas antes de bater à porta do submundo, ela faz preparativos fundamentais. Com seu sábio vizir Ninshubur ela discute e combina o que ele deve fazer, caso ela não retorne depois de três dias, como previsto. E de fato ela teria ficado para sempre na "terra sem volta" se Ninshubur não tivesse, fielmente, feito tudo o que havia combinado com ela antes. Por isso, nesse antigo mito de ressurreição, a volta é bem-sucedida somente porque a heroína se uniu ao seu vizir, seu *animus*.

O condutor de almas também deve ser entendido como a força que mantém a necessária e apropriada tensão entre as diferentes contrapartes: masculino e feminino, ação e inação, entre coragem e desencorajamento, entre euforia e depressão, mas sobretudo entre moderação e descomedimento. A jornada através da noite, mergulhando nas profundezas do inconsciente, levou o herói a uma enorme expansão da consciência. O perigo de perder tudo no último momento devido a uma hábil manobra

---

[6] Dante, Alighieri. *A Divina Comédia*, Inferno 5, p. 19.
[7] Diane Wolkstein e Samuel Noah Kramer. *Inanna, Queen of Heaven and Earth* [Innana, Rainha do Céu e da Terra].

do Ego, por traição ou megalomania, é grande. Assim, encontramos nos contos de fadas, como o do pescador que solta um peixe que havia pescado e este, em agradecimento, promete ao pescador atender seus desejos. Pressionado por sua esposa, seus desejos ficam cada vez maiores, até que terminam em megalomania, com o desejo de serem tão poderosos quanto Deus. O peixe recusa-se a cumprir esse desejo e some com tudo o que lhes havia presenteado até o momento. O peixe que cumpre os desejos é um símbolo do Self. O pescador personifica um Ego tão fraco que se deixa influenciar pelo aspecto negativo da sua *anima*, uma cobiça inconsciente de satisfazer desejos cada vez mais desmedidos. E como todo Ego sonha se tornar como Deus e imortal, um Ego fraco demais pode não resistir a essa tentação, caindo no exagero e fracassando.

Existe um grande perigo no encontro com as imagens das profundezas: o Ego toma experiências transpessoais como conquistas pessoais ou se identifica com um arquétipo. O Ego sempre é sufocado por um encontro com o Self – ou, em outras palavras, sempre que o Ego é dominado, é porque ele encontrou um aspecto do Self. Mas esta é a pergunta decisiva: "O que o Ego faz com isso?" Ele se torna humilde e se coloca a serviço do todo maior? Ou se infla com uma megalomania narcisista, atribui a si o mérito desse encontro, sente-se o escolhido, gaba-se da sua iluminação, sucumbe a fantasias de onipotência e com isso cede cegamente à doença do guru. Jung falou nesse contexto de uma personalidade mana.[8] Ele disse que essas forças de sedução são tão irresistíveis para o Ego que uma dessas fases de inflação do Ego no processo de individuação é quase inevitável.[9] Mas uma vez que a inflação é superada, essa fase mana parece muito vergonhosa em retrospectiva. Por isso, é importante saber dela desde o início, a fim de torná-la o mais curta possível.

---

[8] Mana é um conceito da Polinésia para força anímica.

[9] C. G. Jung. *Zwei Schriften über Analytische Psychologie (Band 7) – Die Beziehungen zwischen dem Ich und dem unbewussten (2. Schrift).* [*O Eu e o Inconsciente.* Obras Completas, vol. 7/2 §§ 374-406.]

Aqui, no fim da jornada pelo submundo, vê-se que o Ego manteve a prontidão no encontro com as forças do Self. No conto de fadas, Dona Flocos de Neve decide na saída do "inferno" se a heroína voltará ao mundo superior como a donzela de ouro ou a donzela de piche. Enquanto humildemente a donzela de ouro serve às forças do Self e cumpre as tarefas saturninas, a donzela de piche queria usar a força mágica do Self para atender os desejos de seu Ego narcísico. Encontramos um correspondente moderno desse comportamento no "pensamento positivo" desenfreado com que o Ego, como um saqueador, tenta apoderar-se da força mágica do inconsciente. O preço dessa avareza é alto. A donzela de piche é o resultado.

Para o indivíduo ocidental, o perigo de fracassar por causa dessa sede de poder é especialmente grande, porque, em nossa cultura, pouco esforço foi feito para explorar os espaços internos. Quanto mais inexperientes, tanto mais ameaçados estamos de sucumbir às tentações e seduções desses mundos desconhecidos. Tendemos a contemplar o inconsciente a partir da sua utilidade a fim de usá-lo para nossos objetivos humanos. Mas é nisso que reside o perigo contra o qual Marie-Louise von Franz adverte, ao dizer: "Toda aproximação do inconsciente para fins utilitários, ou meramente querer fazer uso dele, tem efeitos destrutivos, tal como, começamos agora a perceber, na natureza exterior. Quando exploramos nossas florestas, os animais e os minerais da terra, perturbamos o equilíbrio biológico e, ou nós ou as próximas gerações, teremos de pagar um preço muito alto".[10]

Bastian Baltazar Bux, o herói de *A História sem Fim* quase fracassou e se perdeu em Fantasia, tão sedutor que se tornou esse outro mundo para ele. Seu Ego foi tão inundado por desejos de poder e de melhoria do mundo que por fim só existiam boas razões para ficar em Fantasia. Só no último momento, e pela ação decidida de seu aliado Atreyu, ele conseguiu voltar para este mundo. Chegando aqui, encontrou o comerciante de livros Sr. Coreandro, a quem encontrou no início da *História sem Fim*. Este também admite que é um viajante de Fantasia e

---

[10] Marie-Louise Von Franz. *A Individuação nos Contos de Fada*

O EREMITA
As maiores alturas do tornar-se consciente.

A LUA
A mais profunda sondagem das profundezas inconscientes.

cumprimenta Bastian com as seguintes palavras: "Há pessoas que nunca podem ir a Fantasia[11] e há pessoas que o conseguem, mas permanecem lá para sempre.[12] E existem aquelas que, tendo ido a Fantasia, conseguem voltar. Como você. E estas tornam ambos os mundos sadios".[13]

É exatamente essa que importa. Naturalmente, o objetivo da jornada não é trocar um mundo pelo outro. Quando olhamos para a primeira metade da nossa vida apenas com o olho direito e, finalmente, descobrimos o esquerdo, seria um tanto absurdo fechar o olho direito com fita adesiva para, daí em diante, olhar somente com o esquerdo. Assim como temos dois olhos para enxergar com perspectiva, dois ouvidos para ouvir estereofonicamente, também temos um lado consciente e outro inconsciente, uma natureza masculina e feminina, somos um ser interior e exterior, estamos entre a luz e a sombra. Ser íntegro e viver

---

[11] Elas ficam presas no Pendurado.
[12] Eles fracassam na Lua.
[13] Michael Ende. *Die unendliche Geschichte* [A História sem Fim], p. 426.

ambos os lados é o objetivo da jornada. Reconciliar os dois lados é, portanto, o tema da próxima carta.

A Lua (XVIII) está ligada ao Eremita (IX) pela soma transversal. Se o Eremita mostra as maiores alturas da consciência, a Lua representa a mais profunda sondagem da nossa natureza interior, as nossas profundezas inconscientes. Em nenhum ponto da jornada do herói, o perigo de perder, trair ou esquecer os presentes do Eremita – o conhecimento do nome verdadeiro e a fórmula mágica – é tão grande como aqui, nas profundezas da Lua. Todavia, em nenhum outro ponto da jornada, existe melhor chance de encontrar a si mesmo (O Eremita) por meio da superação dos medos (A Lua) como nesta travessia.

Palavras-chave para a carta	
A LUA	
ARQUÉTIPO:	A noite, a alvorada
TAREFA:	Andar na corda-bamba, superar cuidadosamente o limiar do medo, não se confundir nem se perder
OBJETIVO:	Regresso à luz
RISCO:	Perder-se na floresta encantada, deixar de atingir o objetivo, ficar aprisionado pelo medo
DISPOSIÇÃO ÍNTIMA:	Irritação e insegurança, pesadelos, medos, anseios

O SOL

O Sol
A volta para a luz ou a reconciliação

Está feito! O herói conseguiu a vitória. Ele seguiu a trajetória do Sol, atravessou o céu e o inferno, passou em todas as provas e realmente regressou. Esse momento assemelha-se a um róseo amanhecer. A escuridão desaparece e a alma emerge dos espaços escuros da noite a fim de entrar no território iluminado do destemor.

Esta é a hora em que o monstro tem de libertar outra vez o herói que devorou. Aqui, Jonas é cuspido à terra pela baleia e a serpente tem de regurgitar Jasão, o argonauta, por meio de uma magia de Atena — a *anima* de Jasão.

A carta do tarô mostra o herói visivelmente rejuvenescido, com frescor infantil, e expressando a sensação de uma nova e revigorante manhã depois de uma longa e escura noite, repleta de perigos. Assim, como diz a história da criação, na Bíblia: "Houve a tarde e houve a manhã: e foi o primeiro dia" (Gênesis 1:5). Assim, a iniciação, a verdadeira jornada do herói, começou com a noite e agora encerra-se com a manhã.

Quando o herói, nesse ponto, ressurge como uma criança, isso deixa claro que o fruto da jornada é uma recém-encontrada simplicidade. Ela permite ao ser humano, que penetrou e estudou a enorme complexidade da realidade, chegar ao final do caminho no profundo conhecimento de que todas as grandes verdades são simples. Mas com isso considerar qualquer tolice superficial como sabedoria profunda seria tão imprudente quanto a aceitação de que todo tolo é um sábio. Sobre isto diz Jung: "O homem instintivamente reconhece que toda grande verdade é simples. Aquele cujo instinto está atrofiado, imagina, por isso, que ela se encontre em simplificações baratas e trivialidades, ou, por outro lado, em razão de seu desapontamento, incorre

Jasão é cuspido outra vez pela serpente e é saudado por Atena, sua anima.

no erro oposto de imaginar a verdade como algo infinitamente complicado e obscuro."[1]

Na criança da carta do Sol, reencontramos o Louco do início da jornada. Ele começou a jornada como um tolo, mas logo cresceu e tornou-se adulto, muito objetivo e extremamente competente. Aqui, no final do caminho, ele se tornou humilde outra vez, simples e verdadeiramente maduro. Agora ele é um sábio tolo ou tolo puro, como Parsifal é chamado quando volta à simplicidade. Assim ele pode encontrar o Castelo do Graal, que só é acessível àquele que tiver o coração puro. No início de sua jornada, Parsifal inconscientemente atrapalhou-se no caminho para o castelo, e como comportou-se de modo tolo, logo foi jogado para fora. Agora, no final da jornada, ele pode encontrá-lo novamente como um tolo puro e concluir o trabalho de redenção.

Um retorno à simplicidade original também está no final da jornada do herói Sidarta tão bem contada por Hermann Hesse. Também ele esperou, no início, poder evitar os abismos da vida e encontrar iluminação no voo pelas alturas. Mas teve de aprender que não existem atalhos e que temos de nos abrir para a vida para poder, ao final, nos desapegarmos dela. No final do seu caminho, Sidarta fala sobre si mesmo como se estivesse descrevendo o tema desta carta do tarô: "Bem, pensou ele, visto que perdi novamente todas essas coisas transitórias, agora estou mais uma vez sob o Sol, como quando eu era criança: nada é meu, não sei nada, não tenho nada, não aprendi nada". E algum

---

[1] C. G. Jung. "Em memória de Richard Wilhelm", em Über das Phânomen des Geistes in Kunst *und Wissenschaft (Band 15)*. [*O Espírito na Arte e na Ciência*. Obras Completas, vol. 15, p. 39.]

tempo depois consta que: "Ele retrocedeu e, então, ficou novamente vazio e nu e ignorante no mundo. Mas ele não lamentou por isso, não, ele até desejou rir; rir dele mesmo, riu desse mundo estranho e louco".[2]

O rejuvenescimento do herói também é uma indicação de uma nova consciência do tempo, que ele conquistou ao banhar-se na fonte da juventude (carta da Estrela). O conhecimento das leis cósmicas permitiu que ele crescesse além da experiência cronológica do tempo, tornou-o atemporal no melhor sentido. Mas em comparação a Gilgamesh, ele teve êxito em trazer a consciência da eternidade pela travessia do limiar (a Lua). Então ele se alegra com sua riqueza inesgotável de tempo, parecida com a que viveu quando era criança. Se anteriormente o tempo era uma quantidade da qual ele sempre tinha de menos, agora ele vive a sua qualidade. Em vez de correr atrás do tempo, com a esperança de viver o máximo possível, agora

A volta para a luz.

ele sabe que o sentimento atemporal de um momento vivido profundamente, vale mais do que mil prazeres; e que, sobretudo, guardamos ricas memórias das fases de expansão da consciência.

O começo e o fim do caminho se assemelham, mas não são iguais. Isso já havia mostrado a mandala, cujos círculos interno

---

[2] Hermann Hesse, *Siddhartha* (Sidarta), p. 87.

e externo se correspondem, como o Paraíso perdido e o Paraíso reconquistado. Eles são parecidos, no entanto não são idênticos (veja pp. 80 e 81). Entre eles existe uma longa e trabalhosa peregrinação repleta de desvios aparentes, dos quais não somos poupados. O grande astrólogo Oskar Adler fez um bela alegoria sobre isso, ao comparar a jornada do ser humano pela vida com o rio africano Niger, um dos mais longos rios da Terra, embora nasça a poucos quilômetros do mar no qual deságua. O rio faz um desvio de mais de mil quilômetros para alcançar seu objetivo que está tão perto.[3]

Para o nosso intelecto, que quer endireitar tudo, esses desvios parecem bastante sem sentido. Ele gostaria muito mais de seguir o caminho reto. Não são poucas as pessoas que vêm a uma consulta com essa expectativa de saber por meio das cartas do tarô, do I Ching, do seu horóscopo ou de uma bola de cristal, por exemplo, qual profissão devem tentar em seguida. Elas não visam conhecer por meio do oráculo o amplo espectro de possibilidades, mas querem um conselho limitado, taxativo, algo como "Daqui a dois anos, você será um ferreiro". Com essa profecia, o Ego promete eficiência a si mesmo. Em vez de continuar "incubando" a questão da escolha da profissão por mais tempo, ou de enviar currículos sem esperança, poderíamos enquanto isso fazer uma viagem pelo mundo, ou estudar um pouco os diferentes tipos e tamanhos de ferradura, a fim de nos preparar-mos para nossa futura profissão. Isso seria perfeito, se não houvesse a pata do cavalo! Não existe uma profissão pronta que baste buscar no dia X, do mesmo modo como não existe um relacionamento perfeito que cruze prontinho o nosso caminho. Para alcançarmos esses ou outros objetivos, temos de crescer, e disso fazem parte as incertezas, as dúvidas e os recuos, bem como todos os desvios trabalhosos e aparentemente desnecessários. Jung disse: "No entanto, o caminho correto que leva à totalidade é infelizmente feito de desvios e extravios do destino. Trata-se da *longissima via*, que não é uma reta, mas uma linha

---

[3] Ver Oscar Adler. *Das Testament der Astrologie* [O Testamento da Astrologia], vol. 3 (*Mensch und Erde*) [O Ser Humano e a Terra], p. 350.

O tolo ingênuo no início
da jornada.

O tolo puro no final
da jornada.

O Sol branco do Louco ganhou "cor" através do contato com a morte.

que serpenteia, unindo os opostos à maneira do caduceu, senda cujos meandros labirínticos não nos poupam do terror."[4]

Lady Aiuola faz a mesma afirmação na *História sem fim*, de Michael Endes, quando diz a Bastian: "Você seguiu o caminho dos desejos, e ele nunca é reto. Você deu uma volta enorme, mas era o *seu* caminho. E você sabe por quê? Você é daqueles que só podem regressar quando encontram a fonte de onde jorra a água da vida. E este é o lugar mais secreto de Fantasia. Mas para lá não existe nenhum caminho fácil". E depois de uma pequena pausa, ela acrescentou: "Todo caminho que leva para lá, no fim, é o certo".[5]

As cartas antigas do tarô nos mostram neste ponto o motivo dos gêmeos. Ele representa a reconciliação de irmãos inimigos, a reconciliação da luz e da sombra. Agora, que o herói percorreu

---

[4] C. G. Jung. *Psychologie und Alchemie (Band 12)*. [*Psicologia e Alquimia*. Obras Completas, vol. 12, § 6.]
[5] Michael Ende, *Die unendliche Geschichte* [História sem Fim], p. 392.

os dois mundos, que desenvolveu seu lado luminoso e redimiu seu lado sombrio, pode ocorrer a reconciliação.

Assim sendo, a tarefa decisiva no caminho feminino é cumprida nas cartas com dois algarismos: a reconciliação do ser humano civilizado com sua natureza animal, a reconciliação da consciência com seus aspectos sombrios. Este tema foi visto logo no início na carta da Força, que abre esse trecho do caminho. Mas só depois da superação (a Morte) e do desmoronamento dos limites (a Torre), que o Ego teve de previamente construir para seu desenvolvimento, pôde ocorrer a reunião com os conteúdos fragmentados e bloqueados. A carta da Temperança simboliza o primeiro passo para isso, no início da jornada pelo mar noturno, ao misturar fluidos antes separados. Agora que a noite acabou, surge a luz do novo dia, a união foi bem-sucedida e o ser humano tornou-se inteiro. O Sol no final do caminho foi alcançado.

Também existe um pressuposto decisivo para que o resultado dessa reconciliação seja "bom". Muitas tradições falam desse encontro emocionante. Uma epopeia babilônica de quatro mil anos nos fala de Gilgamesh, o poderoso rei da cidade de Uruk, que encontrou o selvagem Enkidu. Os deuses haviam criado esse gigante para domar a arrogância de Gilgamesh. Em seu primeiro encontro ambos logo começam a lutar: a força civilizada do rei contra a ferocidade animalesca do gigante (uma correlação com as duas figuras na carta da Força). No fim da luta, Gilgamesh e Enkidu reconhecem que são igualmente fortes, fazem amizade e se irmanam. Juntos são invencíveis, partem e vencem o grande inimigo do reino, o monstro Chumbaba.

Também Parsifal no fim da sua jornada encontra seu meio-irmão Feirefis. O pai comum, Gamuret, o havia concebido com a rainha negra Belakane no Oriente, motivo de Feirefiss ter na pele um padrão xadez preto e branco. Parsifal lutou com ele,

Hermes, o deus dos caminhos, com o bastão de cobras que une os opostos (caduceu), um símbolo do tortuoso caminho da vida.

A união com o lado negligenciado, escuro, primitivo e desprezado da nossa tarefa.

A mistura dos fluidos, antes separados, como início da obra.

A reconciliação e a união bem-sucedidas.

A carta do Sol no tarô de Marselha.
O motivo dos gêmeos representa a reconciliação dos irmãos inimigos.

assim como nós rapidamente nos colocamos em luta com os elementos estranhos da nossa sombra. Mas aqui também acontece uma reconciliação dos irmãos assim que eles reconhecem que são igualmente fortes. Pelo fato de não combater mais a sua

O MAGO	A RODA DA FORTUNA	O SOL
A maestria.	A tarefa de vida.	A reconciliação dos opostos.

sombra, mas ter reconhecido nela seu irmão, com o qual se reconcilia, Parsifal pôde então se tornar o rei do Graal.

Transposta para o âmbito da consciência, essa reconciliação significa também a superação da separação dos opostos, com que a razão dividia a realidade. Nesse ponto, compreendemos por que Jean Gebser diz: "Aquilo que racionalmente parece um oposto é psicologicamente uma polaridade que, quando analisamos, não desmorona, mas também não nos é permitido destruir por meio de uma dissecção racional".[6]

O tarô une essas três cartas através da soma transversal: o Sol (XIX), a Roda da Fortuna (X) e o Mago (I). Isso significa que a tarefa de vida (a Roda da Fortuna), que o homem tem de realizar (o Mago), é a reconciliação dos opostos (o Sol), a reconciliação da luz e da sombra, da noite e da manhã, do bem e do mal, da civilização e do estado selvagem, do homem e da mulher, da vida e da morte. "Quem percebe ao mesmo tempo sua sombra e sua luz, este se enxerga dos dois lados e, assim, fica no meio".[7]

---

[6] Jean Gebser. *Ursprung und Gegenwart* [Origem e Presente], p. 267.
[7] C. G. Jung. *Zivilisation im Übergang (Band 10)*. [*Civilização em Transição*. Obras Completas, vol. 10/3, § 872.]

A luta entre Parsifal e Feirefis, em cujo final acontece a reconciliação dos irmãos inimigos.

Palavras-chave para a carta

O SOL

ARQUÉTIPO:	O dia, o amanhecer
TAREFA:	Verdadeira reconciliação
OBJETIVO:	Novo nascimento, percepção sábia e humildade madura
RISCO:	Prender-se a banalidades
DISPOSIÇÃO ÍNTIMA:	Despreocupação, vivências solares, leveza, alegria de viver

O JULGAMENTO

O Julgamento
A Cura

Agora, depois que todas as condições foram cumpridas, pode acontecer o milagre da transformação. Tal como conta a história de Parsifal, o lugar em que a redenção pode ocorrer só é acessível a quem tiver o coração puro. É o Castelo do Santo Graal, a Jerusalém celestial, Shambala, a cidade "maravilhosa", a Terra Pura de Amitaba dos budistas ou qualquer metáfora que as mais diversas histórias e culturas escolheram para se referir ao tesouro difícil de encontrar.

O tesouro pelo qual o herói lutou no reino da sombra, o elixir, a água da vida, a flor azul, seja qual for o tesouro difícil de encontrar, só pode trazer a cura. Na maioria das história um ato bem simples – um beijo, um gesto ou apenas a pergunta certa – realiza o milagre da transformação. Aquilo que era incompleto ou significava uma desgraça é curado. A sombra, que pairava sobre o reino, desaparece. Aquilo que estava amaldiçoado agora se transforma no príncipe encantado ou na princesa libertada. No conto de Parsifal é o incurável rei Anfortas que sara no momento em que Parsifal, lhe faz a pergunta certa. E esta era simples e fácil de compreender: "Tio, o que lhe falta?" Todas essas imagens mostram que a obra propriamente dita é muito simples, porém, apenas quando as condições foram cumpridas. O verdadeiro trabalho sempre é curar-se e o tornar-se inteiro.

A carta do Julgamento mostra esse milagre na imagem da ressurreição. Nisso também está o significado da carta, e não propriamente no seu nome. E não tem nada a ver com julgamento no sentido de jurisdição terrena. Tampouco retrata o dia do Juízo Final. O julgamento sobre a vida ou a perdição eternas é um tema dessa carta, visto que aqui se vai determinar se o

No tarô de Marselha, o significado da carta do Julgamento fica mais claro. A trindade divina é libertada da prisão do quaternário terreno.

herói é verdadeiro ou uma fraude, que talvez até mesmo tenha roubado o tesouro difícil de encontrar do verdadeiro herói. "Pois quando a pessoa errada usa os meios certos", diz um conhecido ditado chinês, "então os meios certos tem o efeito errado." É por isso que todo charlatão fracassa nesse ponto, porque só o verdadeiro herói é bem-sucedido na redenção que corresponde ao motivo das cartas mais antigas do tarô. A bandeira da ressurreição na trombeta do arcanjo Gabriel simboliza a superação do tempo de sofrimento, a vitória sobre o martírio; e as três pessoas que se erguem do túmulo quadrado representam a trindade que é libertada do quaternário. Como o número três representa o divino e o quatro representa o terreno, essa imagem diz que aqui o verdadeiro, o essencial, o divino é libertado da prisão terrena.

Nos contos de fadas, este é o momento em que o príncipe ou a princesa encantados são libertados da forma falsa e desagradável, jogam fora a couraça terrena e se tornam visíveis em sua natureza brilhante e divina. No tarô Rider-Waite-Smith, dobrou-se o número de pessoas e esclareceu-se o fato com a necessária indicação: "Pareceu valer a pena fazer essa variação para

O JULGAMENTO 261

Parsifal avista o Castelo do Santo Graal.

A SACERDOTISA	A FORÇA	O JULGAMENTO
Deixar acontecer e conhecimento na hora certa.	Vontade de viver e engajamento.	A redenção, curar-se e tornar-se inteiro.

ilustrar a insuficiência das explicações dadas".[1] Ou isso está mal traduzido ou foi propositada ou conscientemente mantido inteligível. Seja como for, é uma pena que o simbolismo, antes tão nítido tenha, tenha se diluído.

A carta do Julgamento (XX) está ligada à carta da Sacerdotisa (II) pela sua soma transversal que também leva à carta da Força (XI). Essa ligação torna claro que o comprometimento e vontade de viver (a Força) são pré-condições da redenção ou da cura (o Julgamento), porém, em última análise, não é consequência da ação ativa, mas sim de uma graça que é dispensada quando as condições foram atendidas e tenha chegado o momento certo (a Sacerdotisa).

---

[1] Arthur Edward Waite. *Der Bilderschlüssel zum Tarot*, p. 89. [*A Chave Ilustrada do Tarot.*]

Palavras-chave para a carta
O JULGAMENTO

ARQUÉTIPO:	O milagre da transformação
TAREFA:	Redenção, libertação
OBJETIVO:	Cura
RISCO:	Fracassar como um traidor
DISPOSIÇÃO ÍNTIMA:	Libertar-se, sentir-se redimido e encontrar a paz de espírito

O MUNDO

O Mundo
O reencontro do paraíso

Quem chega ao fim do caminho também se realizou. Mas este, como disse o ocultista alemão Herbert Fritsche: "Não pode ser nunca aquele que reprimiu e inibiu sua natureza pessoal, mas sempre aquele que a realizou".[1] O nosso herói alcançou o objetivo e encontrou o paraíso perdido. A última carta dos Arcanos Maiores mostra o "Pendurado invertido" na figura dançante, mostrando que da estagnação surgiu a vivacidade e que a pessoa agora está corretamente posicionada no mundo. O número 4 como símbolo do terreno agora aparece nas pernas cruzadas embaixo, enquanto o 3 divino, que é indicado pela posição dos braços abertos, fica em cima. Como vimos na 10ª carta, a Roda da Fortuna, nos quatro cantos aparecem os quatro querubins como os quatro aspectos da totalidade; eles não seguram mais nenhum livro nas mãos e, portanto, não dão mais lições. Todas as lições foram aprendidas, as provas vencidas, o herói tornou-se inteiro. Ele, ou ela, encontrou o caminho a partir do mundo invertido (o Pendurado) para o mundo real (o Mundo).

O mesmo é expresso pela Mandorla[2] que envolve a figura dançante na forma de uma elipse. Enquanto o círculo com um ponto central simboliza o indivíduo, a elipse representa uma unidade maior. Segundo a lei do círculo, tudo o que emana do seu ponto central é refletido de volta das bordas para o centro. Assim, ele é o símbolo de um Ego que relaciona o mundo externo a si próprio e se sente o único ponto central do mundo, ao redor do qual tudo orbita. Por outro lado, a elipse é um "círculo"

---

[1] Herbert Fritsche. *Der grosse Holunderbaum* [O Grande Sabugueiro], p. 88.
[2] Uma mandorla é o raio de luz em forma de amêndoa, que simboliza a aura do santo.

O regresso.  A tarefa.  O objetivo.

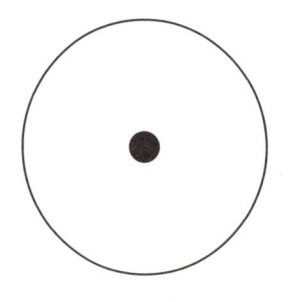

O círculo que gira ao redor de um ponto central, como símbolo do Ego.

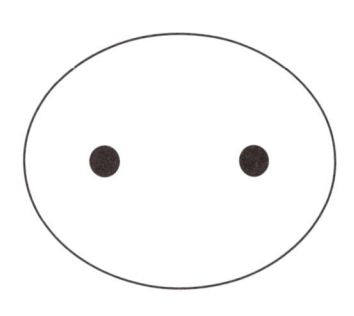

A elipse como um círculo que abrange dois focos, como símbolo da unidade que integra os opostos.

que envolve dois pontos centrais. Sua lei diz que cada raio que emana de um dos dois pontos focais é refletido da borda para o outro ponto focal. Sendo assim, a elipse é símbolo de uma unidade maior, que une em si mesmo os pares originalmente opostos como masculino e feminino, luz e sombra, consciente e inconsciente.

O tarô mitológico mostra a figura dançante como um hermafrodita, como expressão de que o ser humano aceitou sua contraparte sexual interna e, em sentido figurado, passou a ter dois sexos e, portanto, tornou-se inteiro.

Nos contos de fadas, a imagem para o tornar-se inteiro é encontrada no herói que é coroado rei ao final da história. Seu condutor de alma o levou até a coroa, que se esconde atrás do Sol na 14ª carta no final do caminho.

Em *A Divina Comédia,* é Beatrice quem guia Dante da Montanha da Purificação até o

O MUNDO

Como símbolo da totalidade, a 21ª carta de O Tarô Mitológico mostra um hermafrodita que dança.

A carta da Temperança mostra o condutor de almas e no final do caminho uma coroa, que se esconde no Sol.

O crescimento exterior (A Imperatriz) e o crescimento interior (O Pendurado) levam à totalidade (O Mundo).

Paraíso, à visão do Altíssimo, à visão do movimento eterno ao redor do centro imóvel.

Mas aqui não se deve ficar com a impressão de que se alcançou um ponto que não é mais deste mundo. Jung enfatiza: "A totalidade não é a *perfeição*, mas sim o ser *completo*",[3] deixando claro que nesta etapa não nos libertamos dos campos terrenos. "A personalidade unificada jamais perderá por completo a dolorosa sensação da 'dupla natureza'. A libertação plena dos sofrimentos deste mundo deverá certamente ficar por conta da ilusão. Afinal, a vida humana de Cristo, que para nós é simbólica e modelar, não terminou na plenitude da felicidade, mas na cruz. (...) A meta só importa enquanto ideia; o essencial, porém, é o *opus* (a obra) que conduz à meta: ele dá sentido à vida enquanto esta dura."[4]

A carta do Mundo (XXI) está ligada com a carta da Imperatriz (III) pela soma transversal, que também leva à soma transversal do Pendurado (XII). Essa ligação demonstra que a totalidade (o Mundo) só é alcançada quando o crescimento exterior (a Imperatriz) se harmoniza com o crescimento interior (o Pendurado).

Se analisarmos o caminho da vida como uma espiral, que nos leva gradualmente ao que seja o Altíssimo, cada volta dessa espiral corresponde a uma jornada do herói. Visto assim, enquanto estivermos na jornada iremos retornar a cada uma das 21 etapas outras vezes, contudo – assim esperamos – sempre em um plano mais elevado. No ponto mais alto do caminho, mas só ali, esta última carta significa a Unidade de todas as coisas. Mas esse objetivo não deve ser entendido como um estágio final, que deve ser alcançado a todo custo, porém muito mais como uma imagem que sempre impele para a frente. Pois enquanto recusarmos ou bloquearmos algo dentro de nós ou na criação

---

[3] C. G. Jung. *Praxis der Psychotherapie (Band 16) – Spezielle Probleme der Psychotherapie*. [*Ab-reação, Análise dos Sonhos e Transferência*. Obras Completas, vol.16/2, § 452.]

[4] C. G. Jung. *Praxis der Psychotherapie (Band 16) – Spezielle Probleme der Psychotherapie*. [*Ab-reação, Análise dos Sonhos e Transferência*. Obras Completas, vol. 16/2 § 400.]

Dante é levado por Beatrice, sua *anima*, à visão do Altíssimo.

– sendo isso a Morte ou o Diabo – ou nos perturbarmos considerando esse algo como bom ou mal, certamente não estaremos integrados na totalidade. Enquanto isso ocorrer, a jornada recomeçará de novo, de novo e de novo. Boa viagem!

Palavras-chave para a carta

O MUNDO

ARQUÉTIPO:	O reencontro do paraíso
TAREFA:	Chegar, assumir o seu lugar
OBJETIVO:	Posicionar-se adequadamente, estar no lugar certo, ser íntegro
RISCO:	–
DISPOSIÇÃO ÍNTIMA:	Paz, satisfação profunda, encontrar o seu lar

Índice das Ilustrações

Página

20   Arthur Edward Waite, Coleção Mansell, Londres.

20   Pamela Colman Smith, impressão com amável permissão da *Enciclopédia do Tarô*, vol. III, de Stuart Kaplan, copyright © 1990. Surgiu originalmente no *The Craftsman*, outubro de 1912. Reprodução proibida.

34   O mundo antes e depois de Copérnico, em "Harmonia Macrocósmica", de Andreas Cellarius, Biblioteca Estadual Prussiana, Berlim.

35   Em cima: Hércules na taça do sol, pintura ática em vaso, Museu do Vaticano.

36   Visão babilônica do mundo, de Gerhard J. Bellinger, *Knaurs Grosser Religionsführer* [Grande Manual Knaurs de Religião], Munique 1990.

37   Visão bizantina do mundo com colunas que sustentam o céu, crônica mundial de Kosmâs, Biblioteca do Vaticano.

38   O deus solar egípcio no barco, papiro de Ani, Museu Britânico, Londres.

46   Parsifal em trajes simples (detalhe), sala Parsifal, Vincentinum, Brixen.

68   A educação de Aquiles pelo centauro Quíron (detalhe), Jean-Baptiste Regnault, Louvre, Paris.

68   Signo de Sagitário, *Tractatus sphaera*, Biblioteca Nacional, Paris.

72   Hércules na encruzilhada, Lucas Cranach, o mais velho, Museu Herzog Anton-Ulrich, Braunschweig.

Página

79 Sol, imagem do tarô do mestre Ferrarese, salão de arte de Hamburgo, foto: Elke Welford, Hamburgo.

80 Mandala. Um mapa para a jornada da vida. [Thanka Tibetano, c. 1800 do *Tantra: The Indian Cult of Ecstasy*, de Philip Rawson. Nova York e Londres: Thames and Hudson, 1973.]

93 Parsifal vence Íter (detalhe), sala Parsifal, Vincentinum, Brixen.

101 O arrependimento de Parsifal diante do eremita Trevicent, recorte do ciclo de Parsifal de Eduard Ille, Wittelsbacher Ausgleichsfond, Munique. Foto: AKG Berlim.

103 Hermes Trismegisto, mosaico no chão, domo de Siena.

104 Odin, coleção Hulton Deutsch, Londres.

106 Moisés recebe os mandamentos divinos, Lorenzo Ghiberti, porta do Paraíso do batistério, Florença.

110 Esfinge fenícia de Nemrud, Museu Britânico, Londres.

123 Hércules e Ônfale, Bartholomaeus Spranger, Museu de Arte Histórica, Viena.

128 Dionísio, mosaico helênico, Delos. Foto com amável permissão de Leo Maria Giani, Munique.

129 Nabucodonosor, William Blake, Tate Gallery, Londres.

135 Aquiles mata Pentesileia, pintura em vaso, coleção de antiguidades, Munique.

137 Hércules e Hipólita, pintura em vaso, Museu Civico, Barletta, Itália.

144 Dante perdido na floresta (Ciclo de Dante – A floresta), xilogravura de Gustave Doré.

160 À direita: O pássaro da alma Ba, papiro de Ani, Museu Britânico, Londres.

160 À esquerda: A deusa do céu, Nut, Museu Egípcio, Cairo.

160 A deusa protetora Selket, Museu Egípcio, Cairo.

ÍNDICE DAS ILUSTRAÇÕES

Página

161   Maat, a deusa da justiça. Museu Arqueológico, Florença.

161   A pesagem do coração no Salão de Maat, papiro de Hunefer, Museu Britânico, Londres.

162   Anúbis realiza o ritual de abertura da boca, pintura egípcia em túmulo, em Tebas.

165   Jonas, que é engolido pela baleia, Giotto, Cappella degli Scrovegni all'Arena, Pádua.

169   O Cavaleiro da Morte, Salvador Dalí, © Demart pro Arte B. V./VG Bild- Kunst, Bonn 1999.

174   Miguel, o condutor de almas, Guariento di Arpo, Museu Bottacin, Pádua.

181   Virgílio conduz Dante na descida ao Inferno – Geryon, xilogravura de Gustave Doré.

182   A Sibila de Cumas conduz Eneias pelo Inferno (detalhe), Jan Brueghel, Museu de História da Arte, Viena.

192   O horror diante da visão dos demônios interiores (detalhe), Capela Sistina, Vaticano.

194   Assim que a razão desperta, que tudo controla, quer dormir, os demônios reprimidos a atormentam (O Sono da Razão Provoca o Horror), Francisco de Goya, Instituto Morat, Freiburg im Breisgau.

194   Lúcifer vela sobre as partes divididas das almas que caíram nessa posição incômoda (Ciclo de Dante – Lúcifer), xilogravura de Gustave Doré.

196   Os Malditos (detalhe), Luca Signorelli, Domo de Orvieto.

202   Medusa, Michelangelo Merisi da Caravaggio, Uffizi, Florença.

213   A Torre de Babel, Pieter Bruegel, Museu de História da Arte, Viena.

214   A Queda do Gigante, Giulio Romano, Sala dei Giganti, Palazzo del Tè, Mântua.

Página

219   Perseu vence a Medusa, pintura em vaso, Museu Britânico, Londres.

219   Édipo e a Esfinge, taça, Museu do Vaticano, Roma.

220   Seth Luta Contra Apófis, papiro Cherit-Webesher, Museu Egípcio, Cairo.

227   Dante e Virgílio depois de saírem do (Ciclo de Dante – os poetas saem do inferno), xilogravura de Gustave Doré.

234   Lamento de Orfeu, Alexandre Séon, Museu d´Orsay, Paris.

235   Gilgamesh com a Erva da Imortalidade, relevo do palácio dos Ashur-na- sier-apal II em Nimrud, Museu Metropolitano de Arte, Nova York.

239   Ponte do além (detalhe), afresco de Loreto Aprutino, Santa Maria, Itália.

242   Ulisses e as sereias, pintura em vaso, Museu Britânico, Londres.

242   Teseu vence o Minotauro, pintura em vaso, Museu Britânico, Londres.

250   Jasão é Cuspido Pela Serpente, pintura em vaso, Ruvo de Puglia, Jarta.

251   Ascensão ao Paraíso Celeste, Hieronymus Bosch, Palácio dos Doges, Veneza. Foto AKG, Berlim.

254   Hermes/Mercúrio, o deus dos caminhos, com o bastão de cobras que une os opostos (caduceu), um símbolo do tortuoso caminho da vida, Giovanni da Bologna, Florença.

257   A luta entre Parsifal e Feirefis, Sala Parsifal, Vinzentinum, Brixen.

261   Parsifal avista o Castelo do Santo Graal, Martin Wiegand, coleção particular, Munique. Foto AKG Berlim.

269   Dante é levado por Beatrice, sua anima, à visão do Altíssimo (Ciclo de Dante – O Empireu), xilogravura de Gustave Doré.

Bibliografia

Astrologia

Adler, Oskar. *Das Testament der Astrologie*, 4 Bände [O Testamento da Astrologia em 4 vols.]. Hugendubel, Munique, 1991-199393.

Banzhaf, Hajo. *Der Mensch in seinen Elementen* [O Ser Humano em seus Elementos]. Goldmann, Munique, 1994.

Banzhaf, Hajo e Anna Haebler. *Schlüsselworte zur Astrologie* [Palavras-Chave da Astrologia. Pensamento, São Paulo, 2002 (fora de catálogo)].

Banzhaf, Hajo e Brigitte Theler. *Du bist alles, was mir fehlt* [Você é Tudo o que Me Falta]. Hugendubel, Munique, 1996.

Etnologia

Couliano, Ioan P. *Jenseits dieser Welt* [Além deste Mundo]. Diederichs, Munique, 1995.

Duerr, Hans Peter. *Sedna oder die Liebe zum Leben* [Sedna ou o Amor pela Vida]. Suhrkamp, Frankfurt, 1984.

Literatura e Poesia

Camus, Albert. *Der Fall* [A Queda]. Rowohlt, Reinbek, 1968.

Alighieri, Dante. *Die Göttliche Komödie* [A Divina Comédia]. Cultrix, São Paulo, 1965 (fora de catálogo)].

Ende, Michael. *Die unendliche Geschichte* [A História Sem Fim]. Copyright © Stuttgart, Viena. K. Thienemann, Berna, 1979.

von Eschenbach, Wolfram. *Parzival* [Parsifal]. Reclam, Stuttgart, 1981.

Euripides, *Die Bakchen* [Os Bakchen]. Reclam, Stuttgart, 1968.

Goethe, Johann Wolfgang von. *Faust I* [Fausto I]. Reclam, Stuttgart, s/d.

Hesse, Hermann. *Siddharta* [Sidarta]. Frankfurt, Suhrkamp, 1969.

Propyläen. *Geschichte der Literatur, 6 Bände* [História da Literatura em 6 volumes]. Propyläen, Frankfurt, 1988.

Schiller, Friedrich von. *Gedichte* [Poesias]. Reclam, Frankfurt, 1980.

Religião, Mitologia e Contos de Fadas

Bellinger, Gerhard J. *Knaurs grosser Religionsführer* [O Grande Guia da Religião, da Editora Knaur]. Knaur, Munique, 1990.

____. *Knaurs Lexikon der Mythologie* [Dicionário de Mitologia da Editora Knaur]. Knaur, Munique, 1989.

Die Bibel [A Bíblia Sagrada] tradução particular. Herder, Freiburg i.Br., s/d.

Burkert, Walter. *Antike Mysterien* [Mistérios dos Antigos]. Diederich, Munique, 1969.

Denzinger, Wolfgang J. *Die zwölf Aufgaben des Herakles im Tierkreis* [As Doze Tarefas de Hércules no Zodíaco]. Hugendubel, Munique, 1994.

Diederichs, Ulf (org.) *Germanische Götterlehre* [Doutrina dos Deuses Germânicos]. Diederich, Munique, 1984.

Giani, Leo Maria. *Heilige Leidenschaften* [Paixões Sagradas]. Kösel, Munique, 1994.

_____. *Die Welt der Heiligen* [O Mundo dos Santos]. Kösel, Munique, 1997.

Godwin, Malcolm. *Engel* [Anjos]. Zweitausendeins, Frankfurt, 1991.

Grant, Michael e John Hazel. *Lexikon der antiken Mythen und Gestalten* [Dicionário dos Mitos Antigos e das Formas]. Munique, 1980.

Graves, Robert von Ranke. *Die weisse Göttin* [A Deusa Branca]. Medusa, Berlim, 1981.

_____. *Griechische Mythologie* [Mitologia Grega]. Rohwohlt, Reinbek bei Hamburg, 1984.

_____. *Hebräische Mythologie* [Mitologia Hebraica]. Rohwohlt, Reinbek bei Hamburg, 1986.

Holzapfel, Otto. *Lexikon der abendländischer Mythologie* [Dicionário da Mitologia Ocidental]. Herder, Freiburg i.Br., 1993.

Kerényi, Karl. *Die Mythologie der Griechen, 2 Bände* [A Mitologia dos Gregos em 2 vols.]. Munique, 1966.

Koneckis, Ralf. *Mythen und Märchen* [Mitos e Contos de Fadas]. Francks-Kosmos, Stuttgart, 1994.

Lao-Tzu. *Tao te King*. Diederich, Munique, 1978.[*Tao-Te King*. Pensamento, São Paulo, 1984.].

Lengyel, Lancelot. *Das geheime Wissen der Kelten* [A Sabedoria Secreta dos Celtas]. Bauer, Freiburg i.Br., 1969.

Nizami, *Die sieben Geschichten der sieben Prinzessinnen* [As Sete Princesas]. Manesse, Zurique, 1959.

Pleister, Wolfgang e Wolfgang Schild. *Recht und Gerechtigkeit im Spiegel der europäischen Kunst* [O Direito e a Justiça no Espelho da Arte Europeia]. DuMont, Colônia, 1988.

Tetzner, Reiner. *Germanische Heldensagen* [Sagas dos Heróis Germânicos]. Reclam, Stuttgart, 1996.

Tzu, Chuang. *Das wahre Buch vom südlichen Blütenland* [O Verdadeiro Livro do País da Florescência Sulista]. Diederich, Munique, 1969.

Uther, Hans-Jörg (org.). *Grimms Kinder und Hausmärchen* [Contos de Fadas para Crianças e Contos Domésticos de Grimm]. Diederich, Munique, 1996.

Weidelener, Herman. *Die Götter in uns* [Os Deuses em Nós]. Goldmann, Munique, 1987.

Wolkstein, Diane e Samuel Noah Kramer. *Inanna: Queen of Heaven and Earth: Her Stories and Hymns from Sumer.* HarperCollins, Nova York, 1983.

Zimmer, Heinrich. *Abenteuer und Fahrten der Seele* [Aventuras e Viagens da Alma]. Diederich, Munique, 1977.

Psicologia e Filosofia

Banzhaf, Hajo. *Der Mensch in seinen Elementen* [O Ser Humano em seus Elementos]. Goldmann, Munique, 1994.

Barz, Helmut. *Männersache* [Coisas de Homem]. Kreuz, Zurique, 1984.

Campbell, Joseph. *Der Heros in tausend Gestalten* [O Herói das Mil Faces. São Paulo, Pensamento, 1989.]

Canetti, Elias. *Masse und Macht* [Massa e Poder]. Fischer, Frankfurt, 1980. Copyright © Hamburg (agora Hildesheim), Editora Classen, 1960.

Dürckheim, Karlfried Graf. *Meditieren – wozu und wie* [Meditar – Para Que e Como]. Herder, Freiburg, 1976.

von Franz, Marie-Louise. *Die Suche nach dem Selbst* [A Busca do Si Mesmo]. Kösel, Munique, 1985.

_____. *Der Schatten und das Böse im Märchen* [A Sombra e o Mal nos Contos de Fadas]. Kösel, Munique, 1985.

_____. *Schöpfungsmythen* [Mitos da Criação]. Kösel, Munique, 1990.

Fritsche, Herbert. *Der grosse Holunderbaum* [O Grande Sabugueiro]. Burgdorf, Göttingen, 1982.

Gebser, Jean. *Ursprung und Gegenwart* [Origem e Presente]. Munique, 1986.

Gunturu, Vanamali. *Krishnamurti, Leben und Werk* [Krishnamurti, Vida e Obra]. Diederich, Munique, 1997).

Hornung, Erik. *Die Nachtfahrt der Sonne* [A Jornada Noturna do Sol]. Artemis, Munique, 1991.

Hornung, Erik e Tilo Schabert. *Auferstehung und Unsterblichkeit* [Ressurreição e Imortalidade], Munique, 1993 (Fink).

Jung, Carl Gustav. *Grundwerk* [Obras Completas, volumes 6, 7, 8, 10, 11, 12, 13, 15 e 16]. Walter, Olten, 1985.

Jung, Carl Gustav. *Letters* [Cartas, volume 2], Bolingen Series LXXXXV. Princeton: 1974 (Princeton University Press).

Jung, Carl Gustav e Richard Wilhelm. *Das Geheimnis der Goldenen Blüte* [O Segredo da Flor de Ouro]. Rascher, Zurique, 1965.

Jung, Emma. *Anima und Animus*. Bonz, Fellbach, 1983. [*Anima e Animus*. Cultrix, São Paulo, 1ª edição, 2020.]

Jung, Emma e Marie-Louise von Franz, *Die Graalslegende in psychologischer Sicht* [*A Lenda do Graal*. Cultrix, São Paulo, 1990 (fora de catálogo).]

Müller, Lutz. *Der Held* [O Herói]. Kreuz, Zurique, 1987.

_____. *Magie. Tiefenpsychologischer Zugang zu den Geheimwissenschaften* [Magia. Acesso da Psicologia Profunda às Doutrinas Secretas]. Kreuz, Stuttgart, 1989.

_____. *Suche nach dem Zauberwort* [Busca da Palavra Mágica]. Kreuz, Stuttgart, 1986.

Neumann, Erich. *Amor und Psyche*. [*Eros e Psiquê*. Cultrix, São Paulo, 2017.]

Orban, Peter. *Die Reise des Helden* [A Jornada do Herói]. Kösel, Munique, 1983.

Remmler, Helmut. *Das Geheimnis der Sphinx* [O Segredo da Esfinge]. Walter, Olten, 1988.

Watzlawick, Paul. *Vom Schlechten des Guten* [Das Coisas Ruins no Bem]. Piper, Munique, 1991.

Wehr, Gerhard. *Tiefenpsychologie und Christentum – Jung* [Psicologia Profunda e Cristianismo em Jung]. Pattloch, Augsburg, 1990.

Wetering, Janwillen van der. *Das Koan und andere Zengeschichten* [O Koan e Outras Histórias Zen]. Rowohlt, Reinbek, 1996.

Wieland, Friedemann. *Die ungeladenen Götter* [Os Deuses sem Convite]. Kösel, Munique, 1986.

Wilber, Ken. *Halbzeit der Evolution* [A Meio Tempo da Evolução]. Goldmann, Munique, 1990.

_____. *Wege zum Selbst*. Goldmann, Munique 1991. [*A Consciência sem Fronteiras*. São Paulo, Cultrix, 1991 (fora de catálogo).].

Zaleski, Carol. *Nah-Todeserlebnisse und Jenseitsvisionen* [Experiências de Quase Morte e Visões do Além]. Insel, Frankfurt/Leipzig, 1993.

Simbolismo

Becker, Udo. *Lexikon der Symbole* [Dicionário de Símbolos]. Herder, Freiburg, 1992.

Biedermann, Hans. *Knaurs Lexikon der Symbole* [Dicionário de Símbolos da Editora Knaur]. Knaur, Munique, 1989.

Cooper, J. C. *Illustriertes Lexikon der traditionellen Symbole* [Dicionário Ilustrado dos Símbolos Tradicionais]. Drei Lilien, Wiesbaden, s/d.

Miers, Horst E. *Lexikon des Geheimwissens* [Dicionário da Sabedoria Secreta]. Goldmann, Munique, 1987.

Tarô

Banzhaf, Hajo. *Das Tarot-Handbuch*. [*Manual do Tarô*. Pensamento, São Paulo, 2ª edição, 2023.]

_____. *Das Arbeitsbuch zum Tarot*. [*Guia Completo do Tarô*. Pensamento, São Paulo, 1993 (fora de catálogo).]

_____. *Schlüsselworte zum Tarot*. [*As Chaves do Tarô*. Pensamento, São Paulo, 1993 (fora de catálogo).]

Giles, Cynthia. *Tarot* [O Tarô]. Walter, Solothurn, 1994.

Kopp, Sheldon B. *Psychotherapie mit dem Tarot* [Psicoterapia com o Tarô]. Diederichs, Munique, 1982.

Luginbühl, Max. *Das Geheimnis des Dreikräftespiels* [O Segredo do Jogo das Três Forças]. Baum, Pfullingen, 1961.

Nichols, Sallie. *Die Psychologie des Tarot* [A Psicologia do Tarô]. Ansata, Interlaken, 1984.

Pollack, Rachel. *Tarot – 78 Stufen der Weisheit* [78 Graus de Sabedoria]. Knaur, Munique, 1985.

Waite, Arthur Edward. *Der Bilderschlüssel zum Tarot* [A Chave Pictográfica do Tarô]. Urania, Waakirchen, 1978.